EL ABC
DE LAS Y LOS MEXICANOS

GUADALUPE LOAEZA

EL ABC
DE LAS Y LOS MEXICANOS

Grijalbo

El ABC de las y los mexicanos

D.R. © 2007, Guadalupe Loaeza

Primera edición en México y EE. UU., 2007

D.R. © 2007, Guadalupe Loaeza

Derechos exclusivos de edición en español reservados
para todo el mundo:

D. R. © 2007, Random House Mondadori, S. A. de C. V.
        Av. Homero No. 544, Col. Chapultepec Morales,
        Del. Miguel Hidalgo, C. P. 11570, México, D. F.

www.randomhousemondadori.com.mx

Comentarios sobre la edición y contenido de este libro a:
literaria@randomhousemondadori.com.mx

Random House Mondadori México
        ISBN: 978-970-780-207-0
Random House Inc.
        ISBN: 978-0-307-39148-3

Impreso en México / *Printed in Mexico*

A Enrique, mi marido,
cuyo léxico es casi perfecto…

Un agradecimiento especial
para Sergio Almazán.

EL ABC DE LAS Y LOS MEXICANOS

Si algo puede describir a una sociedad es su diccionario: ese acervo de términos propios y ajenos, definido por un idioma y su lengua; de palabras y conceptos que explican, comunican, identifican y diferencian.

El ABC de las y los mexicanos es una antología lingüística que retrata en palabras cómo somos, qué nos han heredado las expresiones que culturalmente dicen más que sus definiciones. En éste, *El ABC de las y los mexicanos,* la intención es hacer una descripción conceptual muy personal, y a su vez muy bibliográfica, de cómo hemos usado los términos y quiénes han inspirado otros conceptos. A través de citas de autores y obras literarias, referencias periodísticas y refranes se alimenta, describe y lúdicamente se recrea este diccionario local, que se penetra en la lengua de las y los mexicanos a pesar de las eras globales.

Así, el diccionario rinde cuenta y culto a las populares expresiones, conductas e ideologías de una sociedad aferrada a las palabras para explicar lo mismo su cultura que su política. En el mejor de los casos, se trata de una recopilación apalabrada de la realidad sociológica de las y los mexicanos.

Al decir de Octavio Paz, lo que hace una civilización son sus palabras y más aún, lo que quieren decir... Y a propósito, ¿qué quiere decir el decir de los mexicanos cuando hablamos lo que hablamos...? *El ABC de las y los mexicanos* busca acercarse a ese lenguajerío nacional.

El libro *El ABC de las y los mexicanos* hace un recorrido por aquellas palabras populares, frases y eufemismos que explican

9

lo mexicano. Se trata de aproximar la mirada y describir el hallazgo —siguiendo el orden alfabético de todo diccionario— de aquellas palabras contemporáneas, vigentes, ocurrentes con las que intercambiamos ideas, conceptualizamos realidades y abstraemos la realidad, la cotidianidad, la sociedad, la cultura popular y la política.

En su momento, toda cultura que se presume civilización revisa y actualiza, impone y sugiere, expone y evidencia, legitima y promueve las palabras como su patrimonio, como su identidad. Por algo llegó a afirmar el psicoanalista francés Jacques Lacan: «El lenguaje es siempre una representación acerca de pérdida o ausencia; sólo necesitas palabras cuando el objeto que quieres se ha ido. Si tu mundo fuera totalmente completo, sin ausencia, entonces no necesitarías el lenguaje, seríamos mudos». Pero las palabras fundan realidad, ideas, necesidades de nombrar todo. Y en consecuencia, dan voz a las emociones.

a

¡AH, QUÉ ABUSADOS!

Hoy, hoy, hoy, ¿cómo somos las y los mexicanos? ¿Cómo nos comportamos frente a la globalización, los cambios políticos, nuestra incipiente democracia, pero, sobre todo, frente a los usos y costumbres que tanto han cambiado…?

A pesar de que ya tenemos acceso a todas las culturas, modas y al mundo ilimitado de Internet, las y los mexicanos seguimos fieles a nosotros mismos. A pesar de que cada vez más mexicanas y mexicanos pueden viajar o estudiar en el extranjero, seguimos fieles al origen. Y a pesar de que compartimos una larguísima frontera con el país más imitado, Estados Unidos, las y los mexicanos seguimos fieles a nosotros mismos. De ahí que, siguiendo fielmente nuestro sentido nacionalista, este diccionario acerque la mirada a las palabras que nos describen, que nos dan identidad, pero sobre todo que expresan —a veces de forma ingeniosa— una manera de comunicarnos y de pensar. El criterio para elegir las palabras en orden alfabético es que consideramos que son las que más caracterizan nuestra forma de ser.

ABUSAR «Como bien dice el refrán, m'hijito: el que no transa no avanza, así es que ponte bien "buzo", o sea abusadito», suelen recomendar las mamás y los papás mexicanos a sus hijos. Porque para la y el mexicano no importa ser inteligente, culto, informado o leído,

11

lo más importante es ser abusado, para que no abusen de ellas o ellos. Las y los abusados son los que se las arreglan para no pagar impuestos, los que se pasan los altos y se estacionan en doble fila, los que saben halagar a los poderosos. Son los que consiguen viajar en *business class* con boletos de turista, los que nunca hacen cola, los que mejor saben regatear. La típica «abusadilla desde chiquilla» consigue boletos gratis para asistir a los espectáculos, se hace invitar a todas las bodas y siempre se las arregla para salir en las revistas de sociales; obtiene la mejor mesa en los restaurantes; y, cuando va al salón, se hace atender de inmediato gracias a sus mentiras tipo: «Me voy al aeropuerto dentro de dos horas; que conste que preferí venir aquí que pintarme el pelo en el mejor *beauty parlor* de Nueva York». Esta señora es tan abusada, que es capaz de traicionar a su mejor amiga con tal de conseguir lo que se propone. No es que sea mala ni desleal, es abusada.

El mexicano abusado tiene todavía más oportunidades de abusar, especialmente si se trata de un político. Por consiguiente, sus hijos serán todavía más abusados, por eso pueden comprar *penthouse* en Miami, viajar en primera clase a Europa y vestirse en las mejores *boutiques*. Como bien dicen algunos: «Ponte abusado, m'hijo, serás un pendejo si no aprovechas».

No hay duda de que estas abusadas y abusados no es que sean listos, inteligentes o vivos, son simplemente abusivas y abusivos.

ACARREO Práctica políticamente incorrecta que deriva siempre en fraudes no sólo electoreros sino sociales. «Fueron acarreados y luego ni les cumplieron.» En nuestras sociedades el acarreo toma todas las formas posibles e imaginables: para que voten, para que no voten, para hacerse de allegados, para quitarles a sus adversarios, para hacer multitud y caos. Es una práctica socorrida donde la gente es convocada al ritual de las promesas, de la fe ciega y las necesidades. El acarreo es el viaje en autobús de las ilusiones y las esperanzas, es el *tour* ilusorio de los cambios que los políticos aprovechan a su favor sin necesariamente hacer ninguno.

Los beneficios del acarreo es que los convocados asumen el acto como un día de fiesta, como un paseo familiar, vecinal e incluso municipal que no pagan, aunque el costo resulta ser muy alto. Como el fin justifica los medios, ser acarreado puede traer la posibilidad de un viaje en autobús con alimentos incluidos para conocer zonas alejadas en su vista o deseos por venir, pero que nunca llegan. El objetivo del acarreo es incidir en el voto, en la decisión individual, y el acarreado quizá tampoco cumpla el perverso fin, pero tanto acarreador como acarreado son felices en el ritual del caos.

AFORE Sistema financiero depresivo que pone de manifiesto que la economía y la vejez no tienen lugar en el mismo sitio. Gianni Vattimo asegura que «un sistema de retiro es una forma anticipada de advertencia de lo inútil, de lo impreciso de un mundo sin garantías plenas de vida frente a un mundo que se vuelve dinero». Cada vez que alguien hace su ahorro para el futuro se compra el miedo del presente. La afore se impone a nuestras vidas como el único recurso social inseguro que asegura lo intangible que es el tiempo.

Con este sistema se acabó una tradición laboral y de garantía de los viejos, para entrar a un modo económico donde el mercado laboral está en declive y las instituciones de seguridad social más. La afore evidencia que cada trabajador que hoy día se inserte a la fuerza productiva no tiene garantía de su futuro, que una administradora de la vejez es una especie de cochinito posmoderno.

AGARRAR Aun cuando se trata de un verbo transitorio, para muchas y muchos mexicanos es un indicativo trascendente en una conversación. Existe como una elocución muy mexicana. Cualquier charla informal se puede sintetizar en un «agarra y me dijo y que agarro y le contesto».

Esta expresión, que en el fondo no dice, no explica, no expresa nada singular o genuino, sí le pone mucho sabor a una conversación de lo más informal, casual y personalísima. Es una muletilla que ya se volvió patrimonio lingüístico de los mexicanos.

Vamos a recrear un ejemplo:

«Que agarra y me dice: "¿Qué hacías con él?"», comenta una chica a su amiga. «Entonces que agarro y que me pongo bien nerviosa y que agarro mi bolsa y que abro la puerta del carro y él que agarra y me agarra del brazo y me dice: "No te hagas tonta, a mí no me ves la cara, te advierto que si me entero de algo, agarro a golpes al güey ese". Y yo que agarro y que me pongo a llorar de los nervios… y que agarra y me dice: "Ya cálmate, no me saques de onda… mejor agarra tus cosas y bájate del carro, ahí muere… mejor llégale". Y agarra y que me abre la puerta del coche y que agarro y que me bajo.»

Esta expresión en verdad se convierte en un hilo conductor de las conversaciones, le da un ritmo y un toque hasta de misterio, digamos que no sólo atrapa al interlocutor sino que otorga un sentido melodramático al relato. Agarrarse de esta muletilla garantiza un tiempo y estilo discursivo.

¡AGUAS! Por una extraña razón coloquial, los mexicanos utilizamos un término vital para advertir algún peligro. «¡Aguas! ándate con cuidado» es una frase socorrida que alerta al interlocutor; sin embargo, el sentido depende de la edad: un adolescente que dice «¡aguas, güey!», puede considerarse un cómplice; en un adulto la palabra designa una advertencia o el inicio de una bronca.

En otro uso, decir «llegaron las aguas» es una elocución temporal de un periodo del año, pero sentir las aguas hasta el cuello es un estado de emergencia emocional. Ya ni qué decir del uso etílico de los términos «andar en las aguas». Es sin lugar a dudas un estado conceptual del alcohólico y una razón de ausencia laboral en muchas oficinas al inicio de semana. Así, este fluvial término lingüístico toma carácter dependiendo del tiempo, lugar y modo. Por lo que recomiendo: aguas cómo usan el término, puede ser que se ahoguen en un vaso de agua al no saber utilizarlo correctamente.

AHORITA No hay conversación mexicana en que no surja la expresión «ahorita». He allí un término que se puede utilizar igualmente en diminutivo, «ahoritita», y no precisamente para acortar el tiempo, sino para alargarlo y postergar lo que se va a hacer: como puede significar en el preciso momento, puede ser dentro de una hora, una semana, un año o ¡nunca! Es tan recurrente que en algunas personas se ha convertido en una muletilla.

Veamos un ejemplo:

«Ahorita, en este momento, se me van a bañar», dice la señora mientras habla por teléfono. «Sí, mamá, ahorita vamos», contestan los niños sin dejar de ver la televisión. Después de unos minutos, la madre empieza a gritar como loca: «¿Qué no les dije que ahoritita se me fueran a bañar? Cuando digo ahorita, quiero decir ahoritita, no antes ni después, sino ahorita. Ya dijo su papá que ahoritita venía y si los encuentra sin bañar se va a poner furioso».

En las oficinas de gobierno, el «ahorita» es tal vez la expresión más utilizada entre jefes y empleados. «Señorita, por favor, venga ahorita a mi oficina.» «Sí, licenciado, ahorita voy», mientras la secretaria termina una conversación telefónica con el novio: «Ahoritita te hablo, me llamó el jefe», dice a su interlocutor, quien contesta: «Llámame más tarde, porque ahorita voy a salir un momento».

Este mexicanísimo adverbio de tiempo es el más socorrido en las llamadas por celular. No es extraño escuchar a las señoras que llevan horas en una comida, llamar a su casa y decir a la nana: «¿Cómo están los niños? Ahorita voy para allá. Dígales que ahorita hagan su tarea. Ya voy a pedir la cuenta para irme ahoritita mismo y llegar antes que el señor. No tardo…» Todo esto dicen mientras apenas está empezando el plato fuerte. Una hora más tarde, llamará del coche, para decir: «Ahoritita voy para allá». Al colgar, pide al chofer que pase por la tintorería y, antes de bajar del coche, le sugiere: «No se mueva de aquí porque ahoritita regreso». Cinco minutos después viene una patrulla. El agente dice al conductor: «Ahorita no se puede parar aquí». A lo que el chofer alega: «Ahorita me muevo. Ahoritita viene la señora, me dijo que no se tardaba».

ALBUREAR Donde más se manifiesta el ingenio mexicano es en los albures. Los machos afirman que es una capacidad exclusiva del género masculino mexicano. Sin embargo, hoy por hoy, las mexicanas aprecian más los albures, tanto que muchas veces son ellas las que alburean. No obstante que, como dice Carlos Monsiváis, «el chiste del albur reside en la humillación femenina y en la feminización de la tontería sexual». Cuando los mexicanos están entre ellos, les encanta alburearse. Imaginemos la siguiente escena. Hay un grupo de hombres en una cantina, uno de ellos dice: «¿Te molesto con el chile?», y el amigo contesta: «A ver si puedes». Todos se ríen y se sienten muy machos. Un chaparrito decide contar un chiste: «Dijo el poeta de la honestidad: "Mi camino es el recto". ¿Cómo dijo?». Todos se ríen y se sienten muy machos. Como bien dice Monsiváis, el albur fue táctica para burlar la censura. Por último, no podemos dejar de mencionar uno de los albures más famosos, el cual se convirtió en un «*graffiti* muy mexicano»: Éste es el gallito inglés,/ míralo con disimulo,/ quítale el pico y los pies/ y métetelo en el…

APANTALLAR Si algo nos distingue a los mexicanos es esa capacidad de asombro que tenemos, esa ingenuidad con que nos movemos y creamos nuestra realidad. En una palabra muy fácil, nos dejamos apantallar. Cuando un paisano vuelve de Estados Unidos, nos apantalla con sus dólares. Un merolico apantalla a sus incautos compradores de todo. Se trata de una expresión más coloquial entre medios y cultura popular. Afirma Umberto Eco que aparecer en la pantalla ya no es de gente distinguida, pero todos los mexicanos buscan apantallar a alguien sin necesidad de la cámara, basta asombrar con una megalómana postura para que alguien diga enseguida: «me cae que sí apantalla con ese verbo». Hoy día todos estamos apantallados con la afirmación de Jacques Attali: «En los medios está la nueva frontera de la democracia», y al revisar los nuevos tiempos sí apantalla tanto espectáculo sobre la realidad democrática de nuestro país... Aunque lo mejor será tomar distancia y no dejarse apantallar porque no son sino virtuales simulacros de realidad.

ATOLE Bebida que constituye el desayuno citadino de muchos obreros y estudiantes en cualquier banqueta o escalinata del metro. El atole representa una ancestral tradición náhuatl y encierra la complicidad gastronómica con el tamal. Nada más materno entre los mexicanos que el atole con tamal, síntesis del mestizaje y el culto al maíz y la harina (cuando se acompaña el atole con una torta de tamal).

Aunque en nuestra cultura no es lo mismo tomar atole que te den atole con el dedo, ésa sí es una acción eufemística que nos define una conducta de engaño o que nos han embaucado. Aquella frase de las abuelas: «No dejes que te den atole con el dedo», representa la sabia filosofía gastro-lingüística de la sabiduría culinaria y las mañas masculinas.

Y qué decir de esa otra frase determinante: «Ese muchacho tiene atole en las venas», es una locución altamente sugerente en el mundo femenino sobre la actitud y conducta de los hombres que son flemáticos, insensibles a las emociones y poco afectivos. Esta frase es, sin lugar a dudas, uno de los mexicanismos más sugerentes de una tradición machista, que pone al varón en buenos términos incluso en el mundo femenino.

AZOTEAS MEXICANAS Cuando era niña, nada me gustaba más que ir a platicar con las «muchachas» a la azotea. Pensaba que ése era su territorio, su lugar de encuentro y de recreo. En un pequeño espacio se encontraba la jaula del tendedero, dos lavaderos divididos por una pileta y los tinacos. Allí, aprovechando la ausencia de la patrona, era donde les gustaba peinar sus largas cabelleras, platicar de sus novios, tomarse sus refrescos Jarritos o Titán y cantar los éxitos del cancionero de Sal de Uvas Picot. Fue precisamente una de ellas, Flavia, con sus gruesísimos labios y piel cacariza, la que me enseñó a cantar *Bésame mucho*. Se podría decir que fue en la azotea de mi casa donde obtuve mis primeras lecciones de sexualidad: «¿Y cómo te besa tu novio?», le preguntaba a Flavia mientras lavaba ella con mucha energía y mucho Fab las sábanas. «Con la lengua», me decía muerta de risa, mostrando una hilera de dientes separados. «¡Guácala!», le contestaba yo. Entonces ignoraba que esos besos eran *a la francesa* y que había otras muchas categorías según la nacionalidad de los novios. Por su parte, Mary, la cocinera, mientras tendía la ropa interior me contaba que su novio la abrazaba con mucha fuerza. «Hasta me sacaba el aire», decía con ojos pícaros. La más audaz era una que se llamaba Francisca: «A mí, mi novio me mete la mano hasta… ¡¡¡jom!!!» «¿Hasta el ombligoooo?», le preguntaba yo, inocente, como era en esos años. Pero aparte de estas conversaciones tan escabrosas, había dos cosas que disfrutaba enormemente: correr por entre las sábanas recién tendidas para sentir su frescura y su olor a limpio, y asomarme por el enrejado del tendedero y así poder descubrir las otras azoteas. «Miren, miren qué chistosos están esos tinacos de allá», «Miren esos calzonsotes que están colgados en esa casa», «¿Ya vieron esa montaña de cachivaches que tiene ese edificio?», «¿Qué guardarán en ese cuartito tan misterioso que se ve en la azotea de la casa de los vecinos?», «¿Ya se fijaron en esa montaña de puros periódicos viejos?»

b

Entre el bache y la burocracia

BACHE En esta ocasión, no hablaremos de los baches económicos, ni de los baches políticos, ni mucho menos anímicos, nos ocuparemos de los baches callejeros. ¿Quién no ha padecido los tradicionales e inevitables baches mexicanos? No importa la ciudad, el municipio o la temporada del año; no importa si la avenida está recién pavimentada, si se trata de un callejón de San Ángel, de la Avenida de los Virreyes o de una callecita en Neza, el caso es que siempre, siempre, nos estará esperando un bache: «Hoyo o desigualdad en una carretera o camino que hace dar sacudidas a los vehículos», dice el diccionario de María Moliner. Pero hay que decir que los baches mexicanos no nada más sacuden el vehículo, sino que muchos de ellos lo deshacen, lo destruyen y hasta lo aniquilan, dejándolo inservible. Otros son tan profundos que parecería que lo absorben, sobre todo si están llenos de agua color ala de mosca. Hay muchos tipos de baches: los perfectamente redondos, que parecen cenotes yucatecos; los cuadrados, que parecen hechos a propósito; los irregulares, que son la mayoría, y las coladeras destapadas, que son los baches más peligrosos.

Los que resultan también muy amenazantes son aquellos que están enseguida de unos topes (vocablo del que nos ocuparemos a su debido tiempo), en ese caso el coche y el o la conductora sufren un colapso nervioso, mecánico y psicológico. Un bache en el Periférico

19

puede paralizar la ciudad. Un bache en Insurgentes puede provocar en las personas más educadas los insultos más malsonantes que una pueda imaginarse (¡chin!, ¡uta!, ¡con una chin…!, etcétera) y un bache en el Paseo del Pedregal de San Ángel puede destruir el BMW más blindado y el mejor equipado del mundo.

Ni el conductor más experimentado podría jactarse de que nunca ha caído en un bache mexicano. Escuchemos un diálogo entre un peatón y una conductora que pregunta dónde se encuentra una calle: «Pasa el primer bache y da vuelta a la izquierda; allí se va a encontrar con otro bache, pero mucho más grande, e inmediatamente da vuelta a la derecha. Y allí está la calle que usted busca. Nada más que cuidado, no pase encima de la tabla de madera, porque ése es otro bache todavía más profundo».

BANDA Hace cincuenta años el término banda se aplicaba al grupo musical que tocaba en una fiesta o festival del pueblo. Con la urbanización del D. F. y las desigualdades de desarrollo económico, el concepto banda se adjudicó a la pandilla, al grupo de amigos del barrio. «Pá, dame feria pa' salir con la banda…» Era un modo de clan, de cofradía callejera que dio identidad y distinción a los barrios y colonias de la Ciudad de México.

Después de los sismos del ochenta y cinco y con la reorganización de las vecindades y los barrios, la banda pasó a ser parte del patrimonio de una colonia y a su vez de la economía informal. «Llévese su extra, agarraron a la banda de asaltantes de las Lomas»… Algunas de las bandas se hicieron tan famosas que adquirieron un lugar singularmente temible en el acervo delictivo de la sociedad. La banda de Los Panchitos acechó en los ochenta con sus asaltos multitudinarios y heroísmo para librarse de la policía y saber corromper los órganos de justicia.

Pero la globalización, la posmodernidad y los tratados comerciales ilegítimos le dieron otra acepción al término banda. Hoy día, una banda es de narcotraficantes, de robaniños o incluso de secuestradores. La banda de los Arellano Félix ha alcanzado un impacto internacional por motivos de narcotráfico, extorsión y conspiración, y ha logrado poner a las autoridades de Estados Unidos, México y Colombia de punta.

También el término banda se acuña entre los niños bien, como una moda abigarrada de la plusvalía popular, ir con la banda, tocar con su banda, reventarse con la banda es una muestra de la globalización lingüística y gremial, que define el sentido de pertenencia de los jóvenes.

BARAJEAR Es un verbo explicativo entre los mexicanismos. Aun cuando en realidad no existe el verbo, en nuestra cultura se asigna a un tipo de imperativo que exige detalles de las cosas. «Barajeársela más despacio a alguien» no se refiere al juego de cartas, tampoco a mezclar los naipes antes de repartirlos, sino más bien a repetir lo dicho o cuidar cada uno de los aspectos en una conversación.

Entre las amigas juegan cartas una tarde de jueves. Al repartir los naipes, surge este diálogo:

—A ver, te pido que me la barajees más despacio que no entiendo cómo está la cosa.

—Tú tranquila, sólo pon atención en la jugada.

—Cómo quieres que me concentre si no estoy entendiendo nada. Además, no creo que esto sea un juego.

—Bueno, en el juego la apuesta es en serio, pero venimos a divertirnos.

—Ok. Sólo te pido que barajees más despacio tu plática porque me perdí por estar viendo mis cartas.

—¿Te refieres a lo que les estoy contando?, pensé que era a las cartas. Ok, te lo barajeo más despacio y ahora sí tira, te toca…

21

BISNES Todos hemos entrado al mundo global de las ventas, de los negocios; desde los grandes inversionistas hasta los micro changarros, *el bisnes* es lo de hoy.

Hace años, muchas mujeres hacían *bisnes* con sus amigas, no faltaba quien vendiera objetos gabachos porque su marido iba mucho al otro lado. Las menos tenían sus *bisnes* de cosméticos, pero todas y todos los mexicanos ahora tienen algún *bisnes*.

El *bisnes* se ha vuelto una manera de hacer negocios, de traer un dinero extra a la economía familar. Aunque hay otro estado financiero del *bisnes* que son las movidas que muchos machos tienen. «Traigo un *bisnes* con esa chava y no la puedo dejar plantada, no puedo fallarle, carnal.» Ese tipo de actividad comercial es más carnal que económico; sin embargo, la economía de los besos y las caricias extemporáneas o extramatrimoniales es parte de los *bisnes* de los mexicanos, aunque este tipo de *bisnes* no depende tanto del poder adquisitivo como del poder de convencimiento. «Este *bisnes* ya casi se hace con esta chava, ya mero afloja, ando cerrando el *bisnes*... tú aguanta.»

En el mundo de los negocios y los tiempos de capitalismo salvaje, todo es un *bisnes*, todo se convierte en una competitividad devastadora que acaba creando ilusiones de empresario a cualquiera que negocia, trafica o se monta un *bisnesito*. Tan es así que los vendedores ambulantes, los comercios informales y los changarros ya aprendieron cómo se hacen los *bisnes* y así para no pagar impuestos, el fondo de todo *bisnes* es el dinero.

BOCÓN Adjetivo personal que describe a un tipo de mexicano que se mete en problemas, porque habla de más o de plano no cumple sus promesas. Es muy común en nuestro argot político encontrar muchos bocones que arremeten, calumnian, ofenden con sus palabras a terceros sin que haya alguien que les calle la boca.

Ser bocón no es una cualidad: es una conducta, se trata de una postura ante la vida que lleva a decir más de lo que se es o se tiene, de lo que se sabe o se conoce, de lo que se puede y se desea. Aunque el bocón termina mal parado, su principal arma es la palabra, con ella busca construir un estado extraordinario de las cosas y de sí, hasta que aparece otro más bocón que lo pone en su lugar. «Para que no ande de bocón», es una conducta filosófica de la banqueta después de que dos machos se partieron la boca por ser lengua larga. Un bocón no es aquella persona que tiene la boca muy grande sino la lengua muy suelta y las razones muy cortas. De ese acto deliberado de soltar palabras sin ton ni son, actualmente hemos acuñado otro mexicanismo consecuente: «Cállese, chachalaca».

BODORRIO Uno de los encuentros familiares y sociales que más convocan al relajo y la festividad. El bodorrio, dice Ciro Gómez de Silva en su *Diccionario breve de mexicanismos,* viene del español «bodijo o boda desigual», pero lo cierto es que Chava Flores, el gran cronista musical de México, propuso el término jocoso y alegre para las tremendas fiestas de vecindad y barrios del D. F. que terminaban en pleito.

¿Quién no recuerda a la familia Burrón, aquella historieta del cronista urbano Gabriel Vargas que retrata con mucho humor los barrios y colonias populares del México de los años setenta? Entre sus personajes está doña Borola Tacuche de Burrón, quien siempre está pendiente del vecindario y ella es quien pone de moda el término bodorrio, y caldo deshuesado (al referirse a la olla de frijoles).

A diferencia de las recepciones y el brindis por los novios de la clase media, el bodorrio se convierte en el convite festivo, ruidoso y desordenado del barrio, ahí se conjura toda clase de celebridades: el baile, el trago y la bronca.

En el Mercado de la Lagunilla se pueden leer anuncios como éste: «Para vestirte en tu bodorrio… trajes Gregorio», como prueba de que el bodorrio es un festejo al cual se acude con todos los rituales, hasta el del *look*.

BOTANA Siempre hay un amigo que es la «botana» de la fiesta, a quien todo el mundo «botanea», especialmente cuando se está tomando la botana. No hay comida, fiesta, bautizo, primera comunión, boda, quince años, reunión de la oficina, cenas con políticos o pedida de mano en la que no se empiece con una botana. Una botana bien servida y variada puede ser más lucidora que la propia comida o cena. Durante las botanas mexicanas se pueden cerrar los negocios más millonarios, seducir con más eficacia o descubrir los chistes y chismes más sustanciosos, sabrosos y peligrosos. Son tan importantes las botanas en México que el 80 por ciento de lo que se encuentra en el interior de los carritos del súper de los consumidores, generalmente, está compuesto de botanitas, que serán disfrutadas ya sea frente a la tele o compartidas con amigos.

Pero sin duda las más sabrosas son las botanas en familia de los domingos. En ellas se habla de asuntos familiares, viajes, política; de películas, futbol y de las últimas investigaciones acerca de los hijos de la señora Fox. Imaginemos tres botanas diferentes según los gustos y la economía de los anfitriones. En una típica botana de una casa de las Lomas no pueden faltar las famosas *mousses* (patés) hechas en casa o traídas por una de las invitadas. Por lo general, son de cilantro, ostión ahumado o aguacate. También sirven quesos y jamón serrano de Jabugo que compran en La Europea. Las anfitrionas más modernas se inclinan por las botanas más naturales y dietéticas como zanahorias, jícamas, pepinos y brócoli crudos acompañados con *dips* de diferentes sabores. Pero las más lucidoras son las señoras ricas que tienen casa de campo o de playa. Entonces sí se lucen con su botana muy mexicana compuesta de chapulines, gusanos de maguey, guacamole, sopecitos y quesadillitas de masa azul recién hechas, de huitlacoche, flor de calabaza o queso oaxaqueño. (De ahí que pase una a la mesa a las cuatro o cinco de la tarde.)

Las anfitrionas que pertenecen a la categoría «quiere y no puede» prefieren comprar su botana ya hecha en los supermercados. Ellas piensan que servir *sushi* con todo y palitos junto con las salchichas miniatura es muy sofisticado. Las que no quieren gastar ni mucho menos complicarse la vida, preparan la botana desde la víspera. Una vez que compraron sus galletas saladas marca Ritz, las untan con jamón del diablo o atún con mayonesa. Enseguida cubren los platos con papel de aluminio y los meten al refri para servirlos fríos al otro día.

Pero tal vez la botana más socorrida, más barata y fácil de hacer es aquella que se compone de papas fritas, de los indispensables cacahuates japoneses, de pepitas, de nachos adobados y pedacitos de queso manchego.

BURÓCRATA La burocracia mexicana se distingue especialmente por su lentitud, increíble deficiencia e incapacidad para actuar. Pero la peor y muy mexicana burocracia es la invisible, la oculta, la silenciosa, la intermedia; la que digiere los procesos entre las decisiones de alto nivel y su ejecución a nivel práctico, la que lleva la información de esas decisiones a las esferas de toma de decisión. Por ejemplo, don Salomón ha sido burócrata durante muchos años; una de sus características como buen burócrata mexicano es utilizar una palabrita muy poderosa: ¡No! Los invitamos a escuchar un típico monólogo de don Salomón cuando se le presenta algún asunto que resolver: «Noooo… va a estar retedifícil. No… imagínese, tiene que pasar por el jurídico. Noooo… y luego el administrativo va a rechazar lo que diga el jurídico. Noooo… y luego no va a pasar por la contraloría… porque el jurídico dice algo y el administrativo dice otra cosa… Además, no han llegado de vacaciones. Y el Lic. Gómez del jurídico, siempre está de malas… Noooo… eso puede tardar, y mucho».

Por lo general, muchos de los burócratas son mentirosos, evasivos, impuntuales, irresponsables y perdonavidas. Hablan mucho por teléfono, siempre están comiendo algo y sobre su escritorio tienen muchos papeles, fólders, carpetas, agendas y revistas del tipo de *TV Novelas* y *TV Notas*.

¡Líbrenos Dios de los burócratas!

BYE Interjección del idioma inglés del adiós, tan usada entre los mexicanos que se ha hecho propia por el tono con el que se pronuncia. «*Bay* mi amor, nos hablamos cuando llegues a la oficina»... En ese tono entre anglosajón y *mexican curius* el uso del *bay* se extiende como un sinónimo del adiós, o hasta pronto. Contrariamente a su finalidad, la palabra *bye* puede abrir una conversación en lugar de concluirla: «Déjame contarte que Lola le dijo *bay* a su amante, no sabes la escena, porque obvio que él nunca pensó que le dijera ella *bay*, sobre todo porque él también le había dicho *bay* a su primera mujer... además ese *bay* fue como una advertencia o no sé si lo use como chantaje ella...» «Oye, luego me sigues contando, *baaaaaaaaaaay*».

El *bye*, a pesar de ser una interjección de despedida, encierra todo un sentido de diplomacia intolerante, pues cuando alguien hostiga, molesto intimida decimos *bye*. «No quiero volver a hablar con él, *bay* y que ni me busque, me harté de su modo de ser.» Es decir, que a veces no resulta un adiós amable o con ganas de continuar sino una despedida intransigente, irremediable o sin educación.

Bye con tantas ideas que nos hacen tener malos pensamientos. Los mexicanos en serio deberíamos pensar bien con qué nos quedamos de todo lo que nos dicen en los medios, de lo que leemos, en serio hay que dar carpetazo a lo que no nos conviene o no nos convence. ¡¡¡*Bye* a falsas ideas!!!!

C

CANTINFLESCOS Y «CELULÍTICOS»

No obstante los muy sesudos ensayos sobre el tema escritos por grandes pensadores, sociólogos, psicólogos e historiadores, algo me dice que las y los mexicanos aún no sabemos realmente cómo y quiénes somos, por qué actuamos de tal o cual manera y a qué se deben nuestros eternos desencuentros con nosotros mismos y los demás que conforman el planeta Tierra. He allí uno de nuestros tantos dilemas, nuestra complejísima identidad. Hay algo, sin embargo, que nos caracteriza y que nos pinta de cuerpo entero: nuestro comportamiento y forma de expresarnos, de ahí el objetivo de este abecedario a la mexicana. Esta vez ponemos a su consideración la letra C, representada por un verbo fundamental, un objeto de la modernidad, una función vital indispensable y un oficio muy particular que ha ido creciendo, ya que deja mucho dinero.

CABRÓN En el repertorio malsonante de palabras que implican molestia, esta palabra es muy socorrida. Es un adjetivo que puede ser masculino y femenino. Ser cabrón es un perfil que define una manera malévola, malintencionada.

Una mujer cabrona es enérgica, de impulso y con carácter, pero un hombre cabrón es un ingrato, maldito, mala persona que se aprovecha de los demás.

Pero cuando es un derivado como cabronazo, se trata de un golpe fuerte, de un hematoma que genera mucho coraje y malestar.

«¡Qué cabrón!» es una expresión incómoda y consecuentemente por una inconformidad. También se trata de un tipo de personalidad que produce desventaja en el otro. Podemos encontrarla en otro derivado: «Estaba encabronado por el abuso de autoridad»; ahí no define una personalidad sino un estado anímico provocado por un cabrón.

CANTINFLEAR «Hablar de forma disparatada e incongruente y sin decir nada», dice el Diccionario de la Real Academia Española. Éste es probablemente uno de los verbos más utilizados en México. Porque expresarse «cantinflescamente» nos permite desembarazarnos de una situación difícil. Esta capacidad de improvisar evita comprometernos y nos permite salirnos por la tangente, de ahí que sea una de las herramientas más socorridas de nuestros políticos. «Ni me perjudica ni me beneficia, sino todo lo contrario», decía el ex presidente de México Luis Echeverría. «¿Y qué piensa usted de que la Iglesia intervenga en política?», le preguntaron un día a Fidel Velázquez. A lo que contestó: «Dios no lo quiera». Una típica cantinfleada sería: «Yo a ti ni te ignoro…», la cual en realidad significa que una persona ni siquiera merece ser ignorada. Somos tan cantinflescos que podríamos decir que nuestro cerebro ya está acondicionado para este estilo de hablar. Tan es así que por lo general nunca pedimos a nuestros interlocutores que expliquen lo que acaban de decir. Los que resultan expertos en estas artes son los que llegan a cerrar negocios turbios cantinfleando en diferentes idiomas. Por último, diremos que hay dos categorías: cantinflear queriendo y cantinflear sin querer.

CARAJO Expresión coloquial de molestia de segundo grado. Es un mexicanismo heredado de los españoles en la colonización y que significa pene, miembro viril. Nuestra cultura coloquial —afirma

Octavio Paz— se hace de las referencias fálicas. Carajo es ejemplo de esa falocéntrica expresión del México enfurecido.

«Irse todo al carajo» es signo inequívoco de que las cosas no marchan nada bien. Esta expresión ha sido una licencia malsonante que la clase media y los educados se permiten, porque una niña bien jamás le diría al marido «Vete a la chingada», mejor que se vaya al carajo... Y su interlocutor puede responder «Carajo, mujer, me enfada que no te moderes cuando estás molesta, pero está bien, reconozco que ya todo está del carajo entre tú y yo».

Finalmente los insultos también exigen sus niveles y clases... ¡Carajo! es una de estas expresiones que conservan su moral lingüística aunque no intencional... ¡Carajo! Hasta sacar el enojo de la gente tiene sus modales... ¡Eso sí que está del carajo!

CARNAL «Tengo hermanos y carnales» puede ser una de las expresiones que muchos mexicanos digan al referirse a los afectos y las familias. *Carnal* es una expresión genuinamente de barriada. Es Tin Tan quien la emula como designación afectiva del amigo, del hermano, de aquel que tiene un lazo muy estrecho con nosotros. «Es mi carnal, mi *brother* del alma»... representa el vínculo y la complicidad.

Tin Tan se refería a Marcelo como su carnal, y ello llevaba a éste a ser cómplice de las coqueterías y las vaciladas de Tin Tan. Esta singular pareja de cómicos del cine mexicano representa el sentido pachuco del término «carnal».

Entre los políticos también se aplica este término. Andrés Manuel y su carnal Marcelo (Ebrard) fueron parte de la estrategia para dirigirse a la clase popular y sobre todo establecer el vínculo de apoyo ideológico entre AMLO y Ebrard.

A pesar de que la palabra viene de carne, hoy día nuestro carnal no necesariamente es nuestro hermano de carne, sino nuestro amigo entrañable.

CELULAR «Tengo mi celular, luego existo» podría ser una de las tantas consignas de las y los mexicanos. Hacía mucho tiempo no se había inventado un medio de comunicación tan democrático: albañiles, cocineros, millonarios, intelectuales, universitarios, niñas y niños bien, los de Neza, los de las Lomas, las y los ambulantes, narcos de todos los cárteles, presos, trabajadoras sexuales, periodistas, políticos, magistrados y hasta los limpiaparabrisas tienen celular. (Para septiembre de 2005 había en México 44 millones 416 mil usuarios consumiendo hasta esa fecha 4 mil 335 millones 665 mil minutos.) Hoy, no hay nada más usual que ver en el Periférico un coche último modelo cuyo chofer habla por su celular, mientras que el patrón conversa por el suyo, en tanto sus guaruras, que viajan atrás, platican por los suyos muertos de la risa. Parlanchines, habladores, comunicadores y chismosos como somos, llegamos a pagar cuentas del celular inimaginables. Muchos usuarios tienen hasta tres celulares. Llamamos bajo cualquier pretexto: «¿No me ha llamado nadie?», preguntamos a la trabajadora doméstica cada 10 minutos. «Oye, ya voy para allá. Estoy a tres minutos de tu casa. Pero antes de que se me olvide, déjame contarte este chisme. Es que está buenísimo. ¿Quién crees que va a divorciarse?», preguntan con morbo prácticamente en la puerta de la casa del interlocutor. Basta con tener un celular a la mano para utilizarlo compulsivamente, de ahí el drama cuando se nos acaba la pila, o bien, se nos agota el tiempo aire. «¡Nooooooooo!», tenemos ganas de gritar. Nos sentimos tan desprotegidos y vulnerables sin nuestro miniteléfono que cuando vemos uno a lo lejos nos precipitamos hacia su dueño y le decimos de la manera más atenta: «Ay, señor, discúlpeme, pero me urge hacer una llamadita. ¿No me presta tantito su celular?» Por todo lo anterior, no hay nada que nos represente mayor sacrificio que tener que apagarlo en Bellas Artes, durante la misa y hasta cuando nos encontramos en menesteres sumamente privados.

CELULITIS El Diccionario de la Real Academia Española la define como «acumulación subcutánea de grasa en ciertas partes del cuerpo, que toman el aspecto de la piel de la naranja». En nuestra actualidad, por celulitis pueden entenderse varias cosas: una es la expresión de la edad en las mujeres. «Ya tengo celulitis», confiesa amargamente una mujer que se siente desplazada, negada o rechazada por su pareja. Otra connotación resulta un síntoma inequívoco de la disminución de la vida sexual y erótica de muchas parejas porque no pueden mostrarse tan vulnerables ante su amante, no soportan que su esposa tenga celulitis. Motivo suficiente para que la mercadotecnia genere toda una industria alrededor de la piel de naranja. Cremas, pastillas, jabones, tratamientos holísticos que buscan aminorar la amenaza de la grasa en el cuerpo, así como generar ganancias con la grasa ajena.

CLONACIÓN Revolución genética de la ciencia, que ha modificado la manera de sentirnos únicos, irrepetibles e indivisibles. La ciencia hoy desafía la fuerza vanidosa y atenta contra nuestro ego al querer fabricar una copia de un humano o animal, alterando el orden natural de los seres vivos.

En febrero de 1997 la revista *Nature* publicó el informe sobre la primera clonación de un mamífero a partir del núcleo de una célula adulta de otro individuo. La oveja Dolly es el primer ejemplo de la clonación biológica, permite afirmar que duplicar lo humano es posible, y quizá además de la pregunta latina del *Quo vadis?* cabe ahora plantearnos la pregunta: ¿quién soy yo?

La era de los dobles ha llegado a nuestras vidas y ya no como un hecho de coincidencias o evidencias del machismo en las familias que llevaba a los hombres a tener hijos fuera del matrimonio, sino como una advertencia de que la revolución genética ha llevado al extremo la vida y la muerte.

Paradójicamente, aunque la clonación hace seres idénticos a

otros, el problema surge cuando esa copia fiel no logra ser reconocida por el original, y termina en una obsesión por ser cada vez menos parecido al otro. Asimismo, la clonación ha despertado todo tipo de intereses y movido todo tipo de creencias, porque a pesar de la gran aportación al mundo de la ciencia, la clonación juega a la extrañeza y todo tipo de preguntas, desde la religiosidad, la moral, la ética y la ciencia misma. Nada más impensable para los mexicanos que nos hagan una copia, que podamos ser clonados… «A nadie más que a los mexicanos nos sale un *¡Viva México, cabrones…!*»

COCO Es de esas palabras que heredamos de las leyendas de la abuela: «Vete a dormir; si no, viene el coco». Esa advertencia temible al estilo Alfred Hitchcock sentenciaba el destino monstruoso. Sin embargo, se advierte que coco viene de cabeza. Recuérdese que los papás daban de «cocos a los niños que desobedecían», las maestras en el colegio te daban un coco cuando no ponías atención a la clase.

Hacerle a alguien *coco wash* es tratar de convencerlo, de lavarle la cabeza con ideas o consejos que no necesariamente buscaba.

Que a alguien «le patine el coco» ya es un estado grave del coco, pues se trata de una especie de locura.

Tomar agüita de coco es también frase del recetario de herbolaria y medicina alterna de la abuela, y literalmente se refiere al fruto tropical. Dicen que beber agua de coco remedia los resfriados y fortalece a los niños. Quién sabe si sea verdad, pero un coco con ginebra en la playa asusta a todos los monstruos, fortalece el ánimo y va por la abuela, por la maestra y por las leyendas de cocos que asustaron tantos y tantos sueños de infancia.

COGER Respecto de este verbo complejo y el cual tiene muchas aristas, quisimos imaginar una carta dirigida a un embajador latinoamericano, recién llegado a nuestro país, en la cual le sugerimos con todo respeto no utilizar este vocablo dado su doble sentido:

Excmo. Sr. Embajador: Me permito dirigirme a usted con el objeto de informarle que en mi país no se emplea el verbo "coger", ya que tiene una connotación sexual que puede llevar a muy malas interpretaciones. Por lo tanto, debe evitar decir a una de sus invitadas algo como: "¿Qué le parece si, después de cenar, cogemos un buen lugar para ver mejor el video de mi país?". O bien, aconsejarle algo como: "No coja usted a la derecha", por indicarle una dirección que le está recomendando. Cuando vaya usted a los toros, no vaya a exclamar: "¡Qué tremenda cogida le dio el toro al matador". En ese momento, créame que no faltarán las risitas y comentarios desagradables. Por último, permítame recomendarle que jamás se le ocurra decir a una dama de nuestra sociedad algo como: "Puesto que somos vecinos, estoy dispuesto a recogerla a la hora que me indique. Sí, sí, yo la recojo, no se preocupe, yo la recojo". En otras palabras, en mi país, olvídese del verbo coger. Aprovecho para desearle la bienvenida a mi país. Atentamente, G.L.- P.D. Perdón, olvidaba decirle que coger quiere decir hacer el amor.

COOL Qué *cool* suena la palabra… ahora que la escribo me dan ganas de pronunciarla como una canción de adolescencia. Ser *cool* y estar *cool* es lo de hoy. Aunque la palabra signifique frío en inglés, nosotros la hemos adoptado en el argot mediero y fresa de las y los mexicanos muy cálida y estética.

«¡Qué *cool* está tu estilo!»… «Me encanta que sea tan *cool*», son frases que describen una conducta y aligerado modo de ser de ciertas personas.

En tiempos en los que el ambiente está muy denso lo mejor es una actitud *cool,* un modo alivianado de andar por el mundo pero con estilo.

También se sabe que *cool* es la palabra más empleada en la *web,* ¡es decir, que *cool* es muy cibernética, contemporánea, padre!

COYOTE Proviene de la palabra *coyotl;* por ejemplo, el príncipe tex-cocano Netzahualcóyotl, que significa coyote hambriento o coyote ayunado. Es probable que siendo el coyote un animal tan astuto, al sentirse hambriento cometa acciones para quedar satisfecho. «Coyote llaman también al zángano que se introduce en las cárceles y estafa a los presos embaucándolos con alardes de valimiento y ofertas de obtenerles gracias», dice el *Diccionario de mexicanismos* de Francisco J. Santamaría.

No hay peor cáncer para cualquier sociedad que los coyotes o defraudadores, quienes la mayoría de las veces utilizan credenciales y papelería falsas para engañar al ingenuo.

Existe todo tipo de coyotes: los que falsifican certificados médicos, los que tramitan pasaportes o visas de la embajada estadounidense en México, pero sobre todo, los que se encuentran en la frontera esperando a la víctima para pasarla al otro lado. Éstos son los que más dinero cobran por la operación. Los peores son los que, una vez que reciben su pago, abandonan a su víctima en medio del desierto o bien a la orilla del río Bravo, presenciando incluso todos los peligros a los que debe enfrentarse el migrante sin prestarle la menor ayuda. Es tan común este oficio en nuestro país, que existen varios derivados del mismo vocablo. Por ejemplo, «coyoteada» significa «acto u operación propios del coyote: hacer una buena coyoteada». Coyotear: «ejercer en las cárceles el mal oficio de coyote». También existen las coyotas, pero ésas tienen otras costumbres.

ch

CH: PALABRAS PROHIBIDAS

«Chin, chun, chan…», exclaman las señoras bien cuando no se permiten utilizar la palabra prohibida, la palabra secreta, la palabra sin contenido claro y a cuya mágica ambigüedad confiamos la expresión de las más brutales o sutiles de nuestras emociones, como dice nuestro poeta Octavio Paz. Y agrega: «Palabras que no dicen nada y dicen todo… Esa palabra es nuestro [como mexicanos] santo y seña… Por ella nos reconocemos entre extraños… Conocerla, usarla, arrojándola al aire como un juguete vistoso o haciéndola vibrar como un arma afilada, es una manera de afirmar nuestra mexicanidad».

¡Claro!, y esa palabra se escribe con «ch», con «ch» de ya saben qué. Sí, porque en México se cuenta muy especialmente con este vocablo tan conocido por todas y todos que se puede usar como sustantivo, verbo, adjetivo y que, por añadidura, cuenta con varias connotaciones, incluso positivas y halagadoras.

Una persona que cuenta con una serie de cualidades, como inteligente, trabajadora, astuta y cuya vida ha estado llena de éxitos gracias a su esfuerzo y eficacia, se dice de ella que es muy chingona.

A continuación permítanos describir un largo ejemplo en el cual trataremos de utilizar dicho vocablo con diferentes connotaciones:

Carmen Aristegui es muy chingona porque logró ser una de las periodistas más profesionales, a pesar de todas las chingaderas con las que seguramente se topa en un mundo de machos. Y vaya que la conductora del noticiario CNN se ha dado muchos chingadazos, porque la verdad es que en esta profesión es una chinga, especialmente para las mujeres que tienen un chingo de metas y cuyas estrategias para lograrlas son puras chingonerías.

Y, ya entrados en materia, podríamos decir que chingar es una palabra mágica. Basta con un pequeño cambio de tono en la voz, una ligera inflexión para que su sentido varíe por completo. Tiene tantos matices como entonaciones. Y tiene tantos significados como intenciones.

Por su parte, Carlos Fuentes dice que chingar es palabra de honor; palabra de hombre, palabra de rueda: imprecación, propósito, saludo, proyecto de vida, filiación, recuerdo, voz de los desesperados, liberación de los pobres, orden de los poderosos, invitación a la riña y al trabajo, epígrafe del amor, signo de nacimiento, amenaza y burla, verbo testigo, compañero de la fiesta y de la borrachera, espada del valor, trono de la fuerza, colmillo de la marrullería, blasón de la raza, salvavidas de los límites, resumen de la historia y santo y seña de México. En suma, nuestra palabra.

Por último, transcribimos parte de una canción muy chingona de Botellita de Jerez, en la cual esperamos se entienda aún mejor esta palabra tan prohibida, pero tan indispensable en nuestra vida diaria: «Hace un chingo de años los indios eran unos chingones, Cuauhtémoc fue el último chingón, pero entonces llegaron un chingo de gachupines e hicieron tanta chingadera que desde entonces nos llevó la chingada a todos y vivimos en el chingado laberinto de la soledad».

CHACHALACA Se trata de una de nuestras aportaciones silvestres al mundo. En el mundo náhuatl, la chachalaca es un ave galliforme de plumaje café verdoso y vientre blanco; el macho tiene cresta y barbas; es voladora, vocinglera y su carne es comestible.

Hoy sabemos que una chachalaca es una persona que habla en demasía, que grita al platicar y que es insistente y molesta. Pero también es imperativo que puso de moda Andrés Manuel López Obrador cuando le sugirió al presidente Vicente Fox que no se metiera en la campaña de Felipe Calderón, que no utilizara las instituciones del Estado para atraer el voto a su candidato.

La expresión «¡Ya cállese, chachalaca!» ha sido no sólo un tropiezo para AMLO, como dicen los especialistas, sino que sirvió de argumento para que los seguidores panistas lo calificaran de autoritario, intolerante e irrespetuoso. En su momento la expresión generó todo tipo de argumentos, hasta por parte del equipo de campaña de AMLO. Hoy día es un gancho publicitario que sirve para que la cadena farmacéutica más dudosa haga sus anuncios en televisión.

¡CHA-CHA-LA-CAS! Reconozco que también a mí me pareció desproporcionado por parte del ex candidato del PRD decirle, despacito y no de corrido, al presidente de la República: «¡Cállate, chachalaca!» Sentí feo. Sentí como que me callaba de paso. Sentí la expresión demasiado rijosa, como muy sonora; como si se hubiera tratado de un trueno que precedía una tormenta horrible. Reconozco que no me gusta la violencia verbal, que no me gusta que me hablen «golpeado» y que odio los insultos. Nunca de los nucas oí a mi padre decir una palabra malsonante. Las de mi madre eran muy de su época, expresiones que ya ni se usan y que por lo mismo resultan totalmente anacrónicas: bemba, zorimba, babieca. Reconozco, asimismo, que tampoco me gustaba cuando Fox, siendo candidato, recurría a su listado de alimañas de todos tamaños y colores para hablar de sus adversarios. Por eso lamenté tanto que AMLO se expresara en ese tono para referirse a Vicente Fox. No se debía olvidar, aunque a veces más habría valido, que el señor Fox ostentaba la más alta investidura de la nación.

Dicho lo anterior, cuando leí en el *Diccionario de mejicanismos* de

Francisco J. Santamaría qué era una chachalaca, comprendí mejor la intención de AMLO. A tal grado entendí su verdadero significado que a partir de ese momento imaginé varias categorías de chachalacas; por cierto, encontré muchas. Pero antes de describírselas, y no obstante que muchos colegas ya se han dado a la tarea de explicarnos de qué tipo de ave se trata la chachalaca, permítanme transcribir lo que dice el citado diccionario respecto a este vocablo que en boca de AMLO suscitó tanta polémica: «Del mex. *chachalaca;* parlar mucho o gorjear las aves; *chachalacani,* parlero así. *f.* Ave de México del tamaño de una gallina común: tiene las plumas de la cabeza y del cuello paradas: las del lomo y parte superior de las alas aceitunadas; blancas las del vientre y patas; las de la cola muy largas, anchas, verdes tornasoladas, y amarillentas en la extremidad; no tiene cresta ni barba; sus ojos son rojos, sin pluma ninguna en el contorno; su carne es muy sabrosa; cuando está volando no cesa de gritar desaforadamente, y de ahí le viene el nombre». Ya el escritor mexicano Manuel Payno, en su obra *El fistol del diablo,* escribió: «Millares de tordos y de chachalacas, con su plumaje negro y más brillante que la seda, volaban formando en el aire figuras fantásticas y caprichosas». En el catálogo de las aves, leo con mucho interés: «Las chachalacas aman menos el retiro de las selvas, no esquivan tanto la vecindad del hombre y se les encuentra en las plantaciones y arboledas bajas. En las mañanas de diciembre y enero es innumerables la cantidad de estas aves que alegran las orillas de los ríos con su canto que el vulgo traduce por "no hay cacao"».

Chachalaquear quiere decir hablar desaforadamente. *Chachalaqueo* es el ruido que producen las chachalacas. *Chachalaquero* es el lugar en el que abundan las chachalacas, en los campos. En sentido figurado, cuando en una multitud de personas se oye un ruido desordenado provocado principalmente por mujeres, se dice que están chachalaqueando. El *chachalaquiento* es aquel que chachalaquea mucho, armando un enorme escándalo. Por último, de la obra *El jagüey de las ruinas,* citaremos a su autora, la escritora Sara García Iglesias:

> En el canto de mis lomas
> Y la color de las chacas,
> El arrullo de palomas
> Y el cantar de chachalacas.

Ahora sí, vayamos a la descripción de las distintas categorías que imaginé y que considero que corresponden muy bien al perfil de las distintas chachalacas públicas y privadas que conocemos.

Chachalaca innombrable. Es aquella que se oculta detrás de una máscara, la cual es una calca de sí misma. Esta chachalaca cuenta con un par de orejas enooooooooormes y dos ojos sumamente pequeños. Carece en absoluto de plumaje la cabeza. A esta rara especie le gusta chachalaquear con otras chachalacas en lo oscurito. Puesto que se trata de su gran jefe, les da órdenes y les paga muy bien por chachalaquear contra sus enemigos en los diarios, en las universidades privadas y entre algunos intelectuales. De esta chachalaca se dice que es de mal agüero y que es capaz de crear los peores complots contra aquellos que considera sus críticos.

Chachalaca «manitas». Esta chachalaca se cree más simpática de lo que realmente es. Todo el tiempo se la pasa haciendo bromas. De ahí que no resulte tan dañina. Todos los domingos va a misa. Le gusta el deporte y, como buen padre, adora a sus chachalaquitos. Esta especie de ave es muy afecta a mostrar sus manos, las cuales dice tener impecables. No lo dudamos. Sin embargo, hay algunas chachalacas también de plumaje azul que tienen las uñas negras, pero, sobre todo, largas. ¡Ah, cómo le gusta chachalaquear a esta chachalaca! Últimamente, y aunque le cueste una fortuna, lo hace constantemente por la televisión. Lástima que sus chachalaqueadas resulten tan obvias.

Chachalaca dinosáurica. Muchos ornitólogos pensaban que esta especie ya estaba en extinción, pero desafortunadamente no es así. Aún quedan, para desgracia de la familia de las aves, centenares de especímenes que se distinguen por tener pico de chachalaca y cola de dinosaurio. Su pico es enooooooorme y cuando chilla es sumamente desagradable. Dicen que la chachalaca dinosáurica es la más traicionera y mentirosa de todas las aves del planeta Tierra. Le gusta mucho robar, manipular, pero, principalmente, engañar a otras chachalacas; por eso, éstas, aunque no se lo digan, la odian. Con tal de lograr su objetivo, dicen que es capaz de todo...

Chachalaquitas júniors. No obstante que todo el tiempo están chachalaqueando que son aves muy inocentes y que vienen de una familia muy decente, están metidas en muchos fraudes. Sus nombres, con todo y apellidos, han aparecido en libros, en periódicos, en noticiarios y hasta en los discursos políticos.

Chachalaca «preciosa». Aunque todo el mundo la conoce como «preciosa», es una chachalaca muy, muy fea. A esta ave le gusta mucho chachalaquear puras groserías por teléfono, especialmente con chachalacas millonarias. Su chillido es inconfundible. Su alimentación consiste en bebidas alcohólicas y mole poblano.

Por falta de espacio no pude incluir la chachalaca bótox, la chachalaca de sotana, la chachalaca rata, la chachalaca intelectual, la chachalaca niña-bien, etcétera, etcétera. Tal vez me ocupe de ellas pronto.

CHAFA Con la entrada de nuestro país al Tratado de Libre Comercio, esta palabra tomó un sentido de distinción de consumo. Para hacer creer que todos teníamos poder de compra llegaron los productos chafas, los de menor calidad, los que imitaban a los buenos. Lo chafa de esto fue que se extendió a tal grado que llegamos a tener ahora no sólo productos sino acciones muy chafas.

La industria de lo chafa tiene país de manufactura, cada vez que tomamos un artículo en algún puesto ambulante, en las tiendas de todo al mismo precio, sabemos que son chafas, basta leer: *Made in China*, inmediatamente sabemos qué significa el TLC en nuestros días: un chafa negocio que nos hace consumir cosas muy chafas y ser chafas con la competencia.

Lo más chafa es que cada vez el mercado chino invade más nuestra vida y se apodera de nuestra chafa economía y estrategia comercial; tan chafa ya es nuestra suerte que en la frontera se ha instalado la manufactura china y es quien domina el mercado de Estados Unidos. Lo chafa se hizo un objeto de culto, de consumo sagrado, de imitación y aceptación, como si la cultura de lo desechable fuera el destino del consumo. ¡Qué chafas!

CHAFEAR Yo chafeo, tú chafeas, él o ella chafea, nosotros chafeamos, ustedes chafean y ellos o ellas chafean. Chafear. ¿De dónde vendrá la palabra? ¿Es una expresión o un verbo como cualquier otro? ¿Cuál será realmente su significado? ¿En qué contexto deberá usarse? ¿Quién fue el primer chafa al que se le ocurrió el término? En el diccionario de María Moliner el único vocablo que más se le aproxima a chafear es «chafar»: «Aplastar una cosa cuyo contenido se desparrama al romperse la envoltura, como un huevo o un grano de uva». En sentido figurado significa: «Abatir física o moralmente a alguien. Ej.: "Este fracaso ha acabado por chafarle"». Igualmente se puede utilizar al «quitarle a alguien la presunción o desengañarle en ciertas pretensiones impertinentes con algo que se le dice o hace». Dado su sonido, una pensaría que su definición podría encontrarse en el *Diccionario de mejicanismos* de Francisco J. Santamaría. Pero allí tampoco aparece ni como verbo, ni como expresión.

¿Quién soy para juzgar quién es o no es chafa? ¿A partir de cuándo se empieza a chafear? ¿Será contagioso? Por otro lado, me temo que el mundo completo esté chafeando día a día. ¿Acaso una avenida tan bonita e histórica como Champs-Elyseés no chafeó enormemente con todos esos comercios de *fast-food?* Todo está chafeando. El clima chafea cada vez más con el fenómeno de El Niño. ¡Cómo chafeó Clinton con tanto acoso sexual! ¿Cuántos banqueros mexicanos no chafearon prestándole dinero a sus amigos y familias provocando la crisis de Fobaproa? También los valores morales han chafeado una barbaridad. Ahora ya todo el mundo cuenta mentiras, ya nadie respeta nada y a todo el mundo le vale todo. Por lo general, los amores chafas duran muy poquito. Ésos casi nunca se comprometen. No les gusta hacer esfuerzos, ni son generosos. Hay enamorados chafas que cambian de novia cada semestre. De ahí que cuando se declaran, sus palabras suenan chafas. Hay almas chafas, que aunque pretendan ser todo lo contrario, no falta el día en que enseñen el cobre. Hay amigos chafas, que nada más creen en la amistad por encimita. Tengo la impresión de que algunos restaurantes están chafeando de más en más. Muchos que antes eran considerados de los mejores ya no sirven carne de calidad, ni verduras frescas. No hay nada más chafa que un *face-lifting* barato realizado con mucho colágeno. Lo mismo sucede con los *jacquets:* si éstos son chafas y se ven a leguas, las sonrisas serán chafísimas. Un traje sastre mal cortado y con una tela con mucho poliéster siempre se verá chafa; sobre todo si se acompaña con zapatos chafas. Es evidente que existen declaraciones políticas súper chafas. Éstas suenan totalmente falsas. Para nuestra desgracia, ésas son las que últimamente abundan. El PRI cada vez es más chafa. Ni el Canal 11, ni el 22, ni mucho menos Proyecto 40, son canales chafas. Todo lo contrario. Entonces, si comparamos, ¿sí existe una diferencia? Luego, ¿no estoy equivocada? Hay cosas chafas y otras que no lo son. Yo chafeo, tú chafeas, él o ella chafea, nosotros chafeamos, ustedes chafean y ellos o ellas chafean... ¿será el verbo que más conjugaremos los mexicanos conforme pase el tiempo?

CHANCLUDA ¿Por qué será que dicho término, el cual seguramente proviene de la palabra «chancla», se aplica más a las mujeres que a los hombres, siendo que también existen los «chancludos»? ¿Qué significa exactamente ser una «chancluda»? Por lo general, estas mujeres son perezosas, pero sin duda su mayor característica es su desaliño personal.

Independientemente de su nivel económico y social, el ser «chancluda» es una actitud ante la vida; van por ella «chancleando», y aunque estrenen zapatos de tacón comprados en El Borceguí, en un dos por tres los «chanclean».

Curiosamente, lo primero que hace una mujer al deprimirse es ponerse chanclas. Tal parece que no aguanta el peso de su vida, arrastra los pies y, en su fuero interno, se siente una chancla abandonada. Es cierto que no hay nada más confortable que unas chanclas viejas, pero también es cierto que una puede terminar pareciéndose a ellas…

Cuando una mujer trata muy mal a su marido, se dice que lo trata como «chancla». ¡Ah, pero cómo se encariña una con sus chanclas viejas y qué difícil es tirarlas!

Por paradójico que parezca, las «chancludas» son muy simpáticas, porque no son fijadas ni mucho menos pretenciosas. Generalmente son informales, directas, espontáneas y muy auténticas.

No hay nada más entrañable que tener una tía solterona «chanclona» o «chancluda». Recuerdo a la tía de mi amiga Sofía, de Guadalajara. Usaba lentes, no se maquillaba, era regordeta y siempre estaba sonriente, porque decía que nunca le dolía un callo. ¿Gracias a qué? ¡A sus chanclas!

Cuando compraba zapatos nuevos, le pedía a su sobrina Sofía que se los caminara hasta «chanclearlos». Era tan chancluda esta tía, que nunca se peinaba y usaba ropa dos tallas mayor de lo que necesitaba para sentirla holgada. Siempre pensé que nunca se había casado para no tener que vestirse de novia y verse obligada a usar zapatos nuevos todos inmaculados, ésos de tacón de aguja que se usaban cuando ella era joven.

CHICHIS Sólo en México se les dice «chichis» a las «bubis», es decir, a los senos o pechos de la mujer. Claro, decir «chichis» no es tan elegante como decir «bubis», aunque sin duda la primera expresión resulta mucho más directa, pero, sobre todo, más mexicana.

A las mujeres muy bustonas popularmente se les dice «chichonas». Los más hipócritas se refieren a ellas como que tienen mucha «pechonalidad». Por su parte, los amantes de la fiesta brava, cuando hablan de esta categoría de mujeres, las describen en términos taurinos: «Está bien puesta de pitones».

Un día le pregunté a la madre de Los Tigres del Norte a qué atribuía el hecho de que sus hijos fueran tan trabajadores y bien educados, a lo que me contestó: «Es que a todos ellos les di la "chicha" hasta los seis años». He allí un ejemplo de buena madre, por lo cual es aconsejable darles la «chichi» a los niños por lo menos los primeros seis meses.

Tan importantes han sido siempre las «chichis» que, actualmente, gracias a los avances de la cirugía plástica, un gran porcentaje de las mujeres en el mundo se opera las «bubis» para verse muy «chichonas».

CHIQUILLA Y CHIQUILLO Vocablos que se pusieron muy de moda en el sexenio de Vicente Fox. Entonces, las chiquillas y los chiquillos eran constantemente evocados por el Presidente cuando se refería a la niñez mexicana.

Hemos de decir también que de este periodo difícilmente olvidaremos las chiquilladas de Fox, como por ejemplo aquel llamado Martes Negro que puso de moda lo de «hoy, hoy, hoy», como si se hubiera tratado de la terquedad de un chiquillo. Otras de sus chiquilladas fueron confundir el nombre de los autores, equivocarse constantemente con los dichos populares y querer convencernos de que vivíamos en el país de las maravillas.

CHOCOLATE Del maya *chokol*. Pasta alimenticia hecha con cacao, como principal componente, y a la cual se añade, por lo general, azúcar, canela y aún vainilla. «Sacar chocolate» significa hacer salir sangre, principalmente de la nariz, y entre muchachos por virtud de un golpe. Se dice también, «sacar el mole».

Mi madre tenía una relación muy extraña con el chocolate. Su gusto no era muy refinado que digamos. Se podía conformar con una tableta de chocolate Ibarra o La Abuelita, especial para la cocina. Recuerdo que le daba grandes mordiscos y se la comía en un dos por tres. El chocolate caliente se lo tomaba con todo y nata. Igualmente, tenía la costumbre de agregar al mole más chocolate de lo recomendado. Le quedaba delicioso. Lo que mi madre disfrutaba mucho cuando hacía chocolate era sacarle espuma. Todavía la veo en la minúscula cocina de la casa, frente a la estufa Acros, volcada sobre la olla de barro, agitando vigorosamente el molinillo. Me encantaba ver cómo iba subiendo esa espuma morena, espesa y aromática. «¿Me dejas tratar?», le preguntaba insistente, pero ella no me escuchaba. Estaba demasiado concentrada, seguramente en sus problemas. ¿En qué pensaba doña Lola mientras le sacaba espuma al chocolate de su marido? Tal vez en su pan de huevo de Guadalajara, con el que sin duda lo sopearía, o bien, quizá, entonaba inconscientemente la canción que se puso tanto de moda en esa época y que decía «toma chocolate, paga lo que debes…», por las deudas que siempre la agobiaban. Sin embargo, en su caso, la consigna funcionaba contrariamente, pues le abría más el apetito. Curiosamente, una de las frases que más repetía era «las cuentas claras y el chocolate caliente…» Y también aquella que decía: «Hoy me siento como agua para chocolate».

Ahora que soy abuela, quiero aprender a cocinar los mejores postres de chocolate para Tomás, mi nieto. Para iniciarlo en el gusto del chocolate, le compré una caja de tabletas de Carlos V, «el chocolate emperador y el emperador de los chocolates»; le compré una bolsita de monedas de chocolate envueltas en papel dorado de La Marquesa; le compré cinco latas de Chocolate Express pulverizado y luego canté: «Yo soy sano y fuerte como aquí me ves porque tomo siempre Chocolate Express»; lo llevé al Moro a comer churros y chocolate; le enseñé a decir chocolate en varios idiomas y por último le hice mi especialidad, es decir, *la mousse au chocolat,* cuya receta, ¡¡¡única!!!, era de su tatarabuela francesa.

Juro que a mi próximo nieto, aunque sea rubio como el trigo, lo llamaré de cariño *Chocolat!*

d

DERECHO ES DOMINGO

A mi manera de ver, no hay día de la semana más mexicano que el domingo. Qué espléndida casualidad, porque justo inicia con la letra D, con la que se escribe el día más familiar de todos los días. Es el día en que las trabajadoras domésticas salen todas endomingadas, en que las iglesias en México se llenan hasta el tope y en que en los restaurantes, como en ninguna parte del mundo, se llegan a congregar familias enteras incluyendo a la política: los suegros, los consuegros, la tía soltera, los abuelos, los ahijados, las hijas casaderas, los hijos divorciados, primos terceros, amigos íntimos y decenas de chiquillas y chiquillos que corren de un lado para otro, por lo cual nadie los regaña; cómo sería, si ellos son los reyes especialmente ese día. Un promedio de 15 a 20 personas llegan a reunirse alrededor de la mesa.

Se diría que ese día todo se vale: llegar tarde a la comida a la que se nos invita, estacionarse en doble fila, meterse en sentido contrario y hasta quedarse en piyama viendo la televisión. No obstante, los que sí se bañan y se visten lo hacen de una manera distinta que en el resto de la semana. Nos vemos en el espejo y como que tenemos otra cara, todo lo hacemos despacito como para estirar el tiempo, para que nunca se acabe ese domingo.

Los amantes de organizar desayunos familiares fuera de casa y a una hora más tarde que entre semana llaman muy temprano a sus familiares y dicen con voz dominguera: «Nos vemos en el restau-

47

rante del Four Seasons». A éstos les encanta pagar la cuenta. «Ahora me toca a mí», exclaman enfundados en su *jogging suit* aterciopelado que compraron en Miami. Otros prefieren hacer un *brunch* para evitarse la comida y poder ir al cine temprano. Para algunos, el domingo significa relajarse hasta su máxima expresión. Algunos se visten totalmente de *sport* con zapatos para correr.

Por lo general, los domingos se puede circular por las calles de la ciudad con más fluidez, ya que muchos capitalinos salen de *weekend*. Por ejemplo, a lo largo de la entrada de la caseta a Cuernavaca pueden observarse los coches repletos, seguramente con la cajuela a reventar y el corazón también repleto de deseos de no pensar en las obligaciones de la semana. También el domingo es un día para ir de compras. Familias enteras se pasean por los centros comerciales de la ciudad, no necesariamente para comprar sino para mirar las vitrinas y hacerse ilusiones de que en la próxima quincena sí vendrán a consumir.

Los domingos, los papás y las mamás resultan ser mejores padres, juegan con los niños, platican, hacen bromas y ven juntos el fut. Pero el domingo no es necesariamente un día familiar y alegre para todo el mundo. No podemos dejar de mencionar a aquellas personas que viven precisamente ese día como el peor de la semana. Odian al mundo, a la humanidad, a los políticos y hasta su suerte, mientras comen la comida que sobró de la semana.

Hemos de decir que los domingos mexicanos posmodernos ya nada tienen que ver con los domingos de antes, en los que solía pasearse por la Alameda y comprar algodones; los globos eran distintos, redondos y de muchos colores. Entonces los niños jugaban con su aro o su trompo, y las niñas con sus muñecas. Y toda la familia comía en casa de los abuelos, en la que se servía la irreemplazable sopa de fideos y un mole delicioso, para que, después de comer, se escuchara la pianola con el último vals de Manuel M. Ponce.

DEDAZO ¿Cuántos «dedazos» se habrán dado en nuestro país a lo largo del siglo pasado? ¿Cuántos de ellos se frustraron y cuántos provocaron profundas crisis políticas y económicas? Nada más en México existe el «dedazo». ¡Qué dedos tan largos y mañosos tenían entonces nuestros ex presidentes! Qué difícil resultaba en esa época explicar a los extranjeros en qué consistía el «dedazo». Qué vergüenza provocaba tener que decirles que era el mandatario saliente el que elegía a su sucesor, gracias a su dedo todopoderoso. ¡Cuántas caricaturas se habrán dibujado con un enorme dedo, mostrando la cabeza del «tapado»! Más de 70 años padecimos las y los mexicanos «el dedazo». Más de 70 años tuvimos que asumir al sucesor como si el pueblo lo hubiera elegido democráticamente. Pero así se estilaba entonces, así se hacía política. Así, el presidente en turno le hacía creer a cada uno de sus ministros que uno de ellos podía ser «el bueno», el elegido. Así lo creyeron muchos ex funcionarios que incluso unos días antes del «destape» ya tenían todo listo para su campaña. Ya tenían su propaganda, ya habían hablado con sus amigos más allegados para incluirlos en su gabinete. Pobres, porque semanas antes de que se diera a conocer el nombre del sucesor, los que pensaban que tenían grandes posibilidades se pasaban día y noche al lado del teléfono esperando la llamada de su señor, de su presidente, que se había pasado más de cinco años enviándoles señales de que ellos podrían ser los próximos.

DERECHA Es de las palabras más conservadoras del ABC de los mexicanos, de las más divisionistas a últimas fechas. La derecha en México no sólo es el sentido de las avenidas, sino de las ideas más conservadoras, prejuiciosas y descalificadoras que hemos vivido después de la Revolución Mexicana.

Los conservadores derechistas hoy día rompieron con los principios de algunos pensadores como Manuel Gómez Morín, que en México formaron una derecha de ideas y convicciones.

¿Cuántas cosas no ha hecho la derecha que no son tan derechas para llegar hasta donde está?

DESMADRE ¡Qué palabra tan festiva tenemos los mexicanos para referirnos al relajo, a la pachanga! «Se armó un desmadre con los músicos y terminamos todos muy felices», ahí se refiere a un estado animoso, pero lo cierto es que también desmadre es una palabra muy alarmante. «Ten cuidado porque él es puro desmadre», aquí la palabra denota a alguien incumplido, poco sensato e irresponsable.

Lo curioso de la palabra es que su prefijo *des* designa una carencia, por lo que *des-madre* es alguien huérfano, y francamente sólo en su sentido negativo es de preocuparse. Nada más sagrado que la madre, y el desmadre es una actitud y un estado exorcizador del tedio, del aburrimiento.

Dice Carlos Monsiváis que «da identidad acumulativa de los mexicanos los conduce al desmadre», se enfilan para el caos, para la festividad y el relajo, es una manera de pertenencia e identidad que tenemos los mexicanos. El desmadre convoca a las conciencias grupales a encontrarse, a evocar la fiesta, la risa, la broma, el encuentro.

Aunque también puede ser que el exceso de desmadre provoque daños. Pero eso lo sabemos si estamos en el desmadre, por eso me parece que esta palabra tan mexicana es como nosotros: unas veces festivos, otras caóticos.

DIABLOS ¿Diablos, quién eres? Los mexicanos somos muy católicos, yo misma llevo el nombre de la madre de los mexicanos: Guadalupe, por lo que la idea del bien y el mal ha regido nuestras vidas desde la evangelización. Así, cuando escuchamos que alguien dice: ¡Al diablo!, esta expresión imperativa busca ocasionar algo negativo en el otro o en la situación.

Por el contrario, esa locución popular: «Císcalo, císcalo, diablo panzón» intenta ser más una expresión lúdica que busca distraer la atención del otro, considerando el grado malintencionado del diablo.

«El diablo metió la cola» se refiere a algo que no acabó bien, y ya no hablemos del refranero popular. «El que da y quita con el diablo se desquita» es decir que por arrepentirse de lo que compartió, el mal le llegará por esa actitud.

DURO Y DALE Expresión muy mexicana, muy nuestra y sumamente expresiva. Para entender mejor su sentido diremos que esta expresión se ha estado empleando constantemente durante el periodo de Vicente Fox. Basta con que lo escuchemos hacer una de sus típicas y larguísimas declaraciones respecto a la maravilla en que está convertido el país, para que de inmediato exclamemos desde el fondo de nuestro corazón: «Duro y dale con lo mismo». Duro y dale con que todo está bajo control, cuando en realidad nos encontramos totalmente descontrolados. Duro y dale con que los hijos de Martita no han incurrido en ningún tipo de corrupción. Duro y dale con eso de que la economía del país nunca había estado tan sana y fuerte como durante su sexenio. Y duro y dale con que lo vamos a extrañar…

e

EUFEMISMOS ESCANDALOSOS

Sí, hablaremos de la E del buen entendedor; de la E que exclaman aquellos que no quieren escuchar: ¿Eeeeeeeh?, y de la E de la esperanza, virtud imprescindible para las y los mexicanos, especialmente en estos tiempos de elecciones.

ECHARLE GANAS He aquí una frase que se repite constantemente en nuestras conversaciones. Pero ¿qué significa realmente «echarle ganas»? Poner todo de tu parte, ser una persona positiva, constructiva, hacer todo el esfuerzo posible, brincar todos los obstáculos, no escuchar las voces negativas, etcétera.

Por ejemplo, el doctor Simi le ha echado muchas ganas para superar su impedimento en el habla, los hijos de Martita le han echado muchas ganas a la circunstancia de su madre, Vicente Fox le echa muchas ganas a difundir las cualidades de las lavadoras de dos patas, Roberto Madrazo le echa muchas ganas para recuperar su relación con la maestra Gordillo, que a su vez le echa muchas ganas a su amistad con los Fox.

Derbez no le ha echado muchas ganas a las relaciones exteriores con América Latina.

Y, por último, las y los mexicanos le echamos muchas ganas a la democracia.

EDAD Un tema prohibido en la sociedad mexicana. Es una falta social preguntarle a una mujer su edad, y en los adolescentes, un impedimento para irse de reventón; para los niños, un tema que debe pasar rápido.

Recuerdo cuando era niña que entre las amigas de mi mamá se hablaba mucho de las edades como un tema tabú: gustaban de revelar la verdadera edad de fulanita o los años que le llevaba perenganito.

Para otros la edad es un parámetro para recibir ciertas cosas: «Ya está en edad de merecer», dicen ciertos machos mexicanos con respecto a las mujeres. Pero también es un asunto para los papás frente a los adolescentes: «Está en la edad de la punzada», que se traduce como una etapa de la vida en que hay ajustes y adaptación al mundo de los jóvenes.

Las abuelas se refieren a la edad como que pesan los años, o pueden comparar los tiempos: «A tu edad yo era más...» El tema de la edad genera mucha incomodidad entre las mujeres y los hombres —siempre y cuando en ellos sea a su favor—. «A mi edad me siguen como abejas al panal». María Félix, la Doña, dijo: «quien pregunta mi edad termina sabiendo mis caprichos...»

EMPODERAMIENTO Digamos que más que ser un concepto, es una filosofía ultramoderna que abanderó la representante de los pueblos indígenas —en el gobierno de Vicente Fox— Xóchitl Gálvez, quien se empeñó en que el tema de equidad de género en las mujeres indígenas se resolvía con el empoderamiento femenino.

Llegó a afirmar:

Ahora las mujeres serán las que estén empoderadas, porque serán ellas las que reciban los cheques y la ayuda del programa Oportunidades. Ya no tendrán que padecer porque sus maridos se gasten el dinero del apoyo del gobierno; ellas mismas cobrarán, administrarán y proveerán a sus familias. Éste es un esfuerzo integral de apoyo y desarrollo de género. Hoy todas las mujeres mexicanas deben sentirse y estar empoderadas; es el principio para crear otras condiciones de desarrollo en un México democrático.

Ya en su momento —en la década de los sesenta— se formuló un principio filosófico del concepto: es la escuela de Pablo Freire quien propone esta idea de empoderamiento para la educación popular. La propuesta está encaminada a fortalecer las capacidades, confianza, visión y protagonismo como grupo social de las clases marginadas, para impulsar cambios positivos de las situaciones que viven. La manera mexicana del empoderamiento es la siguiente: las mujeres salen de casa, reciben un sueldo por su trabajo (inferior hasta un 50 por ciento con respecto al del hombre, haciendo la misma actividad); llegan a casa a realizar actividades domésticas y luego, como hay empoderamiento y equidad de género, hasta solventan gastos de la pareja (porque está desempleado, porque no hay muchos trabajos bien pagados…). Así, las mujeres mexicanas logramos entrar a la filosofía del empoderamiento.

Si se trata de las mujeres indígenas, ante esa idea de empoderarlas con los apoyos sociales, los maridos las golpean más, para quitarles el dinero que les dieron en Sedesol y luego por pasarse de listas y no darles completo el cheque.

ENCHILADA COMPLETA Éste es otro eufemismo político que en especial el sexenio de Vicente Fox ha utilizado mucho. Con todos los intentos por acercarse a los vecinos del norte, de llegar a acuerdos migratorios con Estados Unidos, Vicente Fox llegó a afirmar:

Nuestros paisanos no deben perder la paciencia: mi gobierno está trabajando para tener la enchilada completa con las reformas migratorias.

55

Así, la enchilada completa comenzó a surtir efecto. Tan pronto como Fox tuvo su reunión, vino la militarización de la frontera y la idea de la ampliación del muro. Vaya pues manera de negociar la enchilada completa. Pero junto a este eufemismo deprimente para nuestros paisanos, el canciller Luis Ernesto Derbez afirmó en una ocasión: «Nosotros no sólo queremos la enchilada completa sino el Taco Bell», lo que quiso decir que buscaba que el tema migratorio llegara hasta el Congreso de Estados Unidos.

Ya en tiempos electoreros, la maestra Elba Esther Gordillo logró que su partido Nueva Alianza tuviera la enchilada completa con sus aliados del PAN y el PRI al lograr no sólo registro sino lugar en las curules con otros partidos. La maestra sí que sabe cómo hacer la salsa y voltear la tortilla.

ESCÁNDALO Lo que más consumimos las y los mexicanos son los escándalos. Unos han costado muy caros, otros son expresión miserable de lo que ofrecen la televisión y la prensa de espectáculos. Nos hemos vuelto unos voyeuristas involuntarios, unos perversos obscenos del escándalo de la farándula y la política.

Afirma Jacques Attali en el *Diccionario del siglo XXI* que «el fin del escándalo es el comienzo de la revolución»… El escandaloso caso del gober precioso *vs.* los escándalos de Niurka. Ambos describen el grado ideológico de nuestro país.

Estamos formados de manera escandalosa: si se trata de escándalos políticos, el resultado es noticioso, de trascendencia nacional; si es del espectáculo, el resultado es diversión y ocio.

Ahora reproducimos parte de la conversación telefónica que sostuvo el actual coordinador priista Emilio Gamboa con Kamel Nacif:

«—Emilio Gamboa (EG): Papito, ¿dónde andas, cabrón?

—Kamel Nacif (KN): Pues aquí estoy, en el pinche pueblo de los demonios, papá.

—EG: Pero ¿dónde andas, mi rey?, porque habla uno todo el día bien de ti, pero te pierdes, hijo de la chingada.

—KN: Pues ando chingándole, no queda otra.

—EG: ¿Pero vas bien?

—KN: Pues mira, mientras estoy vivo pues me va bien.

—EG: No, no, no, ¿pero estás bien, no?

—KN: Así es, mi rey.

—EG: Bueno, cuídateme mucho y nos vemos pronto, cabrón.

—KN: ¿Y cómo estás tú, senador?

—EG: Uy, a toda madre, aquí echando una comida con unos senadores, que si te cuento ahí te… [inaudible] cabrón.

—KN: ¿De dónde?

—EG: Vamos a sacar la reforma del hipódromo, cabrón, ya no del juego… del hipódromo.

—KN: ¿Para qué?

—EG: Para hacer juego ahí, cabrón.

—KN: ¿Cómo?… Bueno…

—EG: ¿Cómo lo ves?

—KN: No, no la chingues.

—EG: Entonces lo que tú digas, cabrón, lo que tú digas, por ahí vamos, cabrón.

—KN: No, dale pa' tras, papá.

—EG: Pues entonces va pa' tras, esa chingadera no pasa en el Senado, ¿eh?

—KN: ¡A huevo!

—EG: Ok.

—KN: ¡Pues a huevo!

—EG: Te mando mi cariño.

—KN: ¿Cuándo nos vemos?

—EG: Cuando quieras, mi Kamelito.

—KN: Pues cuando tú digas. ¿Cómo?

—EG: Regresando. Yo me voy a Washington a ver unos cabrones, pero regresando te veo.

—KN: ¿Cuándo te vas a Washington?

—EG: Me voy el domingo... el sábado, y regreso el martes a las 11 de la noche.

—KN: Pues a ver si nos vemos el miércoles.

—EG: Regresando yo te llamo... créeme que yo te llamo... ya no me llames... yo te llamo, amigo.

—KN: Órale, senador.

—EG: Un abrazo.

—KN: Estáte bien. *Bye.*

—EG: *Bye.»*

Tal conversación fue el argumento para cuestionar a Gamboa Patrón, quien para muchos vivió el inicio de su debacle y el escandaloso caso de la política y el influyentismo.

ESCUINCLE De las poquísimas palabras que conservamos intactas con la colonización, ésta es una. Su origen se remonta en la lengua náhuatl a *itzcuintli*, que se refiere a un tipo de perro; después se derivó a un uso más coloquial y doméstico, al referirse de manera despectiva a los niños y niñas.

En muchas familias mexicanas los niños son llamados escuincles, sin afán de menospreciarlos sino de evocar una etapa de la vida del ser humano.

En el caso de los medios, Brozo el payaso tenebroso usa el término «escuincles mocosos», un eufemismo que encierra un tipo social y perverso de niños, a quienes provoca con el hecho de contarles un cuento que de forma involuntaria termina siempre en enredo y confusión. «Órale escuincles latosos, pónganse a hacer algo...»

ESTADOS UNIDOS Dice Carlos Fuentes que él viene de un país que vive de lado a lado con Estados Unidos, y que se da cuenta de una cosa muy, muy clara: que nuestra cultura es mucho más fuerte que la cultura estadounidense y que mientras más nos bombardean más fuertes somos y más resistimos y más nos descubrimos a nosotros mismos.

Y, sin embargo, no nos enajenamos en el sentido de aislarnos, de estar ajenos a lo que está ocurriendo en el mundo, siempre ha habido una cultura popular de origen extranjero bombardeando las distintas áreas del mundo, sea la cultura de Roma, sea la de Constantinopla, sea la de París o la de Nueva York.

Siempre ha ocurrido y no veo que se cause gran daño con ello porque somos capaces de asimilar, somos capaces de discriminar, somos capaces de tomar a broma muchos de estos factores, pero seguimos siendo nosotros mismos, enriquecidos además por los desafíos de la cultura externa, capaces de asimilar muchas cosas de esa cultura.

La cultura vive de contagios, la cultura vive de comunicaciones y no de aislamiento.

Sin embargo, siento que nunca como ahora esa cicatriz, es decir, esa frontera, está sangrando como una de esas viejas heridas que se resisten a cicatrizar.

No, nunca como ahora la frase de don Porfirio Díaz es más certera: «Pobre de México, tan lejos de Dios y tan cerca de los Estados Unidos».

De ahí que las y los mexicanos sintamos tanto coraje hacia los gringos, pero también, tanta atracción. Vamos al otro lado y no dejamos de maravillarnos con su cultura tan práctica y seductora. No dejamos de hacer nuestro *shopping* y no dejamos, no obstante, de exclamar: «Pinches gringos».

Basta con que a un típico mexicano dizque muy patriota se le pasen las copas, para que de inmediato les pregunte a sus amigos totalmente borrachos: «¿Saben, pendejos, que dependemos cien por ciento de Estados Unidos? Por eso nos tratan como nos tratan. Somos su traspatio, como decía Aguilar Zínser. Por eso sucedió lo del María Isabel Sheraton, por eso quieren construir una barda en la frontera, por eso nos tratan tan mal. Por eso Bush ya no le toma el teléfono a Fox.

»Pero vamos a acabar con ellos. Ahora ya somos más de 10 millones de compatriotas que estamos viviendo en su tierra, que es la nuestra. ¡La vamos a recuperar! Faltaba más… Además, ellos nos necesitan más que nosotros a ellos. ¿Qué harían sin nuestra mano de obra? Y, por todo esto, voy a vender el condominio que tengo en Miami.» ¡Faltaba más!

ESTRÉS Es una palabra que hemos tomado prestada del inglés. Pero curiosamente es de una raíz latina, de la que los ingleses han sacado bastante más partido que nosotros, hasta el punto de que hemos tenido que recurrir al inglés para llenar nuestro vacío léxico.

Es de muy reciente incorporación a la lengua de uso. Se le considera un anglicismo excesivo, pero es que no tenemos en español un sinónimo que tenga un valor siquiera aproximado.

La palabra inglesa es *stress:* se trata de un término con diversas acepciones, la mayoría asimilables a los sinónimos énfasis, fuerza, presión, tensión.

Hoy por hoy, ¿qué es lo que estresa a las y los mexicanos?: las noticias del Canal de las Estrellas, las residencias por todo el mundo de políticos corruptos, ver por la televisión la fotografía de los hijos de los corruptos, no aparecer en la sección de sociales del Club, el tráfico de la Ciudad de México, las deudas de la tarjeta, el pago de los impuestos, la inseguridad y no saber en qué va a parar el problema de Oaxaca.

EUFEMISMO A LA MEXICANA El Diccionario de la Real Academia Española dice que la palabra «eufemismo» quiere decir: «manifestación suave o decorada de ideas cuya recta y franca expresión sería dura o malsonante».

He allí un recurso que nos queda a las y los mexicanos como

anillo al dedo. Somos tan evasivos, tan dobles y tan barrocos, que si pudiéramos nos expresaríamos con puros eufemismos.

«Mi novio está muy Federico», por decir que está muy feo. Incluso, el uso del diminutivo en nuestro hablar de todos los días es una forma de eufemismo.

Es muy distinto decir: «Fulanita de tal es una prieta» que decir «Es medio prietita»; de esta manera el adjetivo se suaviza, se oculta y hasta se vuelve más amable.

«Di ese dinero al coordinador de la Cámara, no como soborno, sino como una colaboración para mi candidatura a la senaduría. Este gesto me salió desde el fondo de mi corazón», dicen algunas diputadas priistas.

Es bien sabido que los eufemismos son particularmente empleados en el lenguaje llamado «políticamente correcto».

Esto es con el propósito de ocultar o hacer que suenen más aceptables las políticas impopulares.

Igualmente se utiliza mucho el eufemismo cuando se presenta en el país una crisis económica. Por ejemplo: «No habrá una devaluación. Lo que sí haremos es un ajuste en la moneda mexicana respecto al dólar».

Imaginemos el siguiente diálogo entre un matrimonio muy mexicano después de 30 años de casados: «No, vieja, no es que estés gorda, estás llenita. Y así me gustas, porque tengo de donde agarrar».

Ella lo escucha contenta y le responde: «Tienes razón, no estoy tan gorda como mi mamá, nada más estoy pasadita de kilos. Y tú, viejo, tampoco estás gordo, aunque tienes tu pancita, como banquero. Eso sí, estás muy embarnecido, lo que es muy distinto».

Por último, permítanos transcribir lo que apuntó Octavio Paz en *El laberinto de la soledad* respecto a los eufemismos.

«Su lenguaje está lleno de reticencias, de figuras y alusiones, de puntos suspensivos; en su silencio hay repliegues, matices, nubarrones, arco iris súbitos, amenazas indescifrables. Aun en la disputa prefiere la expresión velada a la injuria: al buen entendedor pocas palabras.»

EXPERIENCIA «Los y las experimentadas» saben cómo vivir en México; son aquellos que tienen un acervo de respuestas espontáneas, de soluciones y hasta lecciones para ser mexicanos y extranjeros en estas tierras.

Todos los días leo en los anuncios clasificados «personal con experiencia», «mujer experimentada»… Esto me recuerda al gran escritor Jorge Ibargüengoitia y su magnífico cuento «La Ley de Herodes», donde la prueba de un mexicano empoderado es la experiencia de chingar antes de que otro se lo chingue: «Recuerda que en la ley de Herodes quien no se chinga… se jode», ésa es la experiencia mexicana.

EL PAÍS DE LA FAYUCA

Cronológicamente hablando, la F es la sexta letra del calendario pagano: designaba el sexto día de cada novenario, y en el calendario eclesiástico romano señala el viernes. Y es la primera letra de la cuarta nota de la escala musical: fa.

¿Cómo olvidar aquella expresión tan familiar para muchos de nosotros, la cual, por ende, pertenece a la prehistoria? Cuando algo nos resultaba indiferente, es decir, ni bueno, ni malo, decíamos a la vez que emitíamos un largo suspiro: «Pues, sinceramente, la pieza de teatro me pareció ni fu, ni fa».

Hoy esta expresión estaría reemplazada por la muy posmoderna y que indica lo mismo: «Pues, sinceramente, las campañas presidenciales me parecieron totalmente equis, sin chiste y sin ningún interés».

FAJAR Este verbo tiene varias acepciones. Por ejemplo, fajarse los pantalones es ser muy macho, significa ser capaz de enfrentarse a la adversidad.

Recién llegado a la presidencia, nada le gustaba más a Vicente Fox que fajarse los pantalones con el cinturón que llevaba por hebilla su apellido. Lástima, porque ahora lo que se faja el Presidente es el mandil.

El que no se ha fajado correctamente los pantalones es el gobernador de Puebla; de lo contrario, ya hubiera asumido su responsabilidad.

Un boxeador, cuando pelea en corto, se dice que es un fajador. Tal vez de allí venga la otra acepción que dice que una pareja se echa un faje, por el combate amoroso en corto. No hay nada más emocionante que los «fajes» en un vocho, o también en el sofá de la casa de la novia. Dicen los psicólogos que para relajar y recuperar la autoestima, no hay nada como un buen faje.

Fajarse, naturalmente, también se refiere al empleo del instrumento de tortura llamado faja.

Antes, las señoras gorditas decían: «No hay nada como estar bien fajada». Incluso, y por temor a que hicieran todo tipo de travesuras, fajaban a sus hijas casaderas.

A regañadientes, las llevaban a la Corsetería Francesa y allí les compraban una buena faja llena de varillas.

«Por lo menos así se hará respetar», comentaba por las noches la señora a su marido.

Hay que decir que también los hombres se fajan con fajas, por ejemplo, aquellos que padecen de la columna, de hernias o de panza de pulquero.

FAMILIA Institución que a todas luces ha sido radicalmente trastocada, ya sea por la amante, la migración, el divorcio, la diversidad sexual, la propia Iglesia y los purismos nacionalistas e incluso la pobreza extrema, que echa a los hijos a la calle y al padre a la frontera sin seguridad de que regrese. Sin embargo, la familia mexicana es la socorrida estructura social que tanto alimenta la telenovela y programas de entretenimiento melodramáticos de la televisión mexicana.

El gran escritor León Tolstói afirmó: «Todas las familias felices se asemejan, mientras que cada familia infeliz lo es a su manera». En México la familia constituye el eje de la mercadotecnia, de la Iglesia y de los domingos, es una referencia social: «Venir de buena familia», estar «en familia», «sentirse en familia», es una manera de extension afectiva, de intimidad y unión.

En México han cambiado tanto las familias… antiguamente eran una verdadera referencia de estabilidad emocional, hoy son una escasa expresión de compañía. Para el sociólogo francés Pierre Bourdieu «la familia es hoy día un hogar individual, uniparental y de mascotas, no un grupo de personas». Quizá sí y no, porque los mexicanos tenemos mucha madre, muchos parientes, mucha gente que nos resulta muy familiar.

«Secretos de familia» es otra frase que hace alusión a aquellas cosas que constituyen el valor moral de cada hogar mexicano, aquello que afianzó o corrompió a la familia, pero que no la destruye socialmente.

«Aire de familia» es una expresión coloquial entre las y los mexicanos y se refiere a un modo común y afectivo con otras personas, un parecido y parentesco no necesariamente sanguíneo.

Por ultimo, está la más reciente novela de Carlos Fuentes, *Todas las familias felices,* donde se plantea el principio de toda familia: los secretos son la base que sustenta cualquier familia, ese gran hecho que instituye la seguridad, el valor y la complicidad con que se define el carácter y la valentía de aguantarse y hasta de quererse.

Sea como fuere, la familia en México ocupa un lugar primordial. Hay que recordar cómo son las cenas de fin de año y el día de las Madres a la mexicana, toda la familia reunida aunque sólo sea en esas ocasiones.

FAYUCA Es evidente que esta palabra no puede faltar en un diccionario mexicano, especialmente en estos tiempos en los cuales el aumento en la comercialización de productos de contrabando de origen chino amenaza de más en más la economía de nuestro país.

Por ejemplo, en el municipio de Santa Ana Chiautempan existen más de 50 familias dedicadas a la fabricación artesanal de gabanes, jorongos y sarapes, cuyas pequeñas, pequeñísimas empresas están a punto de quebrar.

No es extraño toparse en cada esquina, mercado sobre ruedas, cuadra, avenida, colonia y en cada delegación de las grandes ciudades de la República Mexicana, con decenas de «fayuqueros» vendiendo «fayuca». Imágenes de la Virgen de Guadalupe inspiradas en el arte colonial se venden con el mágico sello de *Made in China*.

No hace mucho recorrí a pie el Eje Lázaro Cárdenas en el Centro Histórico. Más que caminar, debido a la cantidad de personas que se arremolinaban a lo ancho y largo de la banqueta, ¡flotaba!

Sí, flotaba entre CDs, DVDs, playeras, copias de bolsas de marca, medias, todo tipo de aparatos electrónicos, teléfonos celulares, maquillajes, pelucas, juguetes para niños, accesorios para la computadora, utensilios para la cocina y hasta imágenes de la Virgen de Guadalupe. No podía creerlo, era tanta la «fayuca» que aparecía ante mis ojos, que en un momento dado pensé que me encontraba dentro de una pesadilla soñada por una consumista irredenta.

Lo más frustrante de todo es que, entre los clientes que se paseaban por los puestos, vi a muchos policías inclinados sobre la mercancía. Cuando pasé frente a un puesto de raspados, me pregunté si el hielo con el que habían sido formados esos cucuruchos de todos colores no había sido importado directamente desde China.

FORTUNA ¿A qué mexicano o mexicana no le gustaría sacarse la lotería?… sería una fortuna que eso pasara. La fortuna mexicana es una filosofía casi patentada en los clubes de los optimistas.

Sentirse afortunado en México es que no te secuestren o pierdas el empleo, o que ganes más de un sueldo mínimo. O de plano que salgas en la televisión. Sonríe, la fortuna está de tu lado, dice el anuncio plubicitario de los negocios de multinivel.

Antiguamente en México las fortunas se labraban con el trabajo y el abolengo, con el apellido y el atesoramiento de riquezas y bienes; hoy es un negocio de patentes de la felicidad *fast happy*.

Hoy día en que los pobres aumentan en México y los ricos acumulan más fortuna, hay un sistema antidepresivo para los que no tienen y para los que tienen también: las obras de caridad, las fundaciones y las beneficencias son sistemas contra las críticas que por fortuna generan ayuda social y disminuyen el grado de tristeza y depresión que produce la fortuna en manos de otros.

A principios de los noventa en México surgió una filosofía de los afortunados a través de la Excelencia, un sistema de autoayuda y autorresignación que tuvo como gurú y guía a Miguel Ángel Cornejo, máximo representante del desarrollo humano motivacional. Todos los que asistían salían convencidos de lo afortunados que eran por ser optimistas, aunque seguros de que el dinero y los bienes materiales no los tendrían con 10 horas de pláticas, pero que quizá su fortuna radicaba en el grado de resignación con que vivían su desafortunada suerte.

FRAUDE A LA MEXICANA FOBAPROA, las elecciones presidenciales de 1988, y todos los fraudes que se acumulen esta semana...

FREGADO Qué friega era, después de una comida familiar, tener que fregar platos y cacerolas.

Entonces, las amas de casa mexicanas éramos unas lavadoras de «dos patas».

Pero ahora, gracias a un hombre llamado Vicente Fox, nacido en el país de las maravillas, en muchos hogares mexicanos existe una lavadora de ropa y hasta de ¡platos! Gracias a nuestro presidente ya no estamos friegue y friegue la ropa percudida y ya no estamos friegue y friegue el cochambre de las ollas.

Por otro lado, qué friega resultan esas señoras que están friegue y friegue porque no les alcanza el dinero para su lavadora.

Pobres, porque la verdad que es una friega estar tan fregada de dinero. Éstas son las que aseguran que el país sigue bien fregado.

Muchas de ellas, a pesar de que son unas fregonas, que tienen doctorados y mucha experiencia, no pueden conseguir trabajo.

¡Qué friega es vivir en un país en donde no hay oportunidades laborales!

FUCHI O FÚCHILA He aquí una interjección muy mexicana: ¡Fuchi! Antes, las señoras bien mexicanas la pronunciaban frunciendo un poco la nariz. «Ay, fuchi», decían muy quedito para sí cuando se dignaban acompañar a su cocinera al mercado.

Ahora las nietas de estas mujeres, que nunca pondrían un pie en el mercado, cuando quieren denotar asco, rechazo o repulsión, dicen: «¡Guácala!»

Guácala la política mexicana, guácala los políticos corruptos, guácala la inseguridad en la ciudad, guácala los nacos, guácala la basura en la calle, guácala los noticiarios en la tele, guácala las campañas, guácala los museos, guácala los debates políticos y guácala la corrupción, guácala las revistas que hablan de política y guácala todos los chanchullos del PRI.

Las más expresivas, al decir este extraño vocablo, introducen el dedo índice en la boca, como queriendo vomitar todo lo que no les gusta.

¿Qué país tan vomitable y tan guácala les estaremos heredando efectivamente a estas jóvenes?

FUEGO AMIGO Intimidatoria expresión que en la jerga militar se utiliza para designar tiros del propio bando. A la mexicana el fuego amigo ha sido emulado como inmunidad a la intocable persona del senador Diego Fernández de Cevallos, quien se hace pasar como juez y parte, como víctima y victimario. Y termina quemado con la propia pólvora que levanta su juego de fuego. ¡Vaya pues, los amigos fogosos de Diego!

A continuación se reproduce la declaración que hizo el jefe

Diego a la prensa mexicana en 2003, en la que utilizó por primera vez el término de fuego amigo:

> «Los desafío a que vayan con la autoridad.» Insistió en que es víctima de *fuego amigo,* término de guerra, explicó, dicho «cuando los misiles *inteligentes* caen sobre los de casa».
> —¿Por qué cree que es objetivo del *fuego amigo?*
> —No lo sé, pero lo estoy investigando y tan pronto sepa algo les informaré.
> —¿Los misiles, el *fuego amigo,* vienen de Los Pinos?
> —Sí.

De refilón, se refirió al final a las declaraciones de Lino Korrodi en torno al caso Amigos de Fox, y señaló que «con los amigos que tiene el señor presidente, ya no necesita uno más».

FUSILARSE Entre los mexicanos somos auténticamente un fusil, nos encanta la imitación, vivimos de retazos e ideas prestadas. Ya sea de grandes autores o de la filosofía de la abuela, pero somos buenos para el plagio a la mexicana. Porque además fusilamos mal, somos capaces de cambiar el sentido de la frase, el título de las fuentes, o en el peor de los casos, y en eso radica el fusil, ni siquiera saber qué idea era nuestra y cuál fusilada.

Isabel Allende al respecto dice que «quien se fusila una idea es un plagiador... pero si son más de dos ideas es un investigador». Este país está hecho de muchos investigadores.

> —Oye... ¿trajiste la tarea?
> —No, pero ya se la fusilé a Juan, ¿quieres que te la preste?
> —Órales, pásamela para fusilarme las respuestas.
> —Me dijo Juan que está bien porque él se las fusiló de un cuate del otro grupo.

—Qué bueno que me dices, porque aunque esté fusilada, pues ya es una garantía de que está bien.

—Sale, apúrate para que se la pasemos a los demás.

Las ideas prestadas, de tanto que se repiten, terminan siendo otras y por consiguiente se vuelven inéditas. El plagio de ideas, aun cuando es un delito, entre las y los mexicanos es un medio de transmisión de conocimientos, de preservar la obra intelectual, aunque se desconozca la fuente o la idea origen. Fusilarse ideas ya constituye un reto de memoria, de asombro y sobre todo de certeza. En eso radica el verdadero arte del mexicano fusil, en poder recordar, recrear y apropiarse de una idea con la sutileza de aparentar que es propia.

FUTBOL Este deporte es la demostración palpable del eterno «ya merito» de los mexicanos. «Ya merito voy a ser campeón.» «Ya merito iba a meter el *penalty,* pero pegó en el poste.» «Ya merito me voy a Alemania.»

No hay duda de que el futbol mexicano es el microcosmos de nuestra sociedad.

Algo que no podemos dejar de mencionar es nuestro comportamiento cuando presenciamos un partido, por ejemplo, entre Estados Unidos y México.

Entonces, lo observamos envueltos en la bandera y, con un profundo sentimiento de nacionalismo, empezamos a gritar frente a nuestra pantalla de televisión: «¡Sí se pue-de. Sí se pue-de. ¿Verdad, Virgencita de Guadalupe, que sí se puede? Dios mío, que se pueda, por favor. Te lo suplico.

»No podemos perder con este país. Por su culpa, ya perdimos nuestro territorio, ya perdimos la dignidad, ya perdimos la fe en nosotros, pero no podemos perder este partido. Sí se pue-de, sí se pue-de.»

g

ESTÁN GRUESOS

G de Guadalupe, de Guadalajara y de Guadalquivir; la letra G se originó a partir del hebreo *zayin,* y es la séptima letra del alfabeto, octava si se cuenta la CH. G de galaxia, de gustar, de gastar y de gastarse. ¡Cuántas palabras con G, pero las que hoy nos interesan son las muy mexicanas, las que nada más se emplean en nuestro país. Empecemos por las nostálgicas, por aquellas que al pronunciarlas delatan la edad. He aquí dos expresiones del siglo pasado que han sido sustituidas por otras más modernas y de las cuales nos ocuparemos más adelante.

GABACHO He aquí lo que dice el *Diccionario etimológico de la lengua castellana* de Joan Corominas: «Nombre despectivo que se aplica a los franceses desde 1530. Del occitano *gavach,* «montañés grosero, persona procedente de una región septentrional y que habla mal el lenguaje del país». Pero lo que nadie puede negar son los grandes gabachos que le han aportado tantas cosas buenas al mundo.

GACHO Ya nadie dice desconsoladísimo, como solían hacerlo los jóvenes de los setenta, por ejemplo cuando se daba por terminada una relación amorosa: «Mi novia me cortó por elemento gacho». Es cierto, no hay nada más gacho que la corten a una con palabras hipócritas tipo: «Tú te mereces a alguien mejor, y porque te quiero,

71

quiero que seas feliz». A pesar de que ya no se emplea esta expresión, todavía hay personas sesentayocheras que la utilizan a la menor provocación. Ayer, precisamente, desayunaba con un viejo amigo que me decía: «El ingeniero se ha portado muy gacho con ya sabes quién. El otro día hasta se lo dije: "No seas gacho, ¿por qué no le llamas por teléfono? Créeme que él vive tu comportamiento de una manera muy gacha"». Todo esto para decirme que el «ingeniero» se ha portado mal con fulanito. «No seas gacha, ¿por qué no me prestas 10 mil pesos?», me pidió no hace mucho mi amiga Sofía. Y allí sí, gachamente, le dije que no tenía dinero. Bueno, no le contesté así de gacho, pero seguramente ella lo vivió de la manera más gacha del mundo.

Los que siguen siendo gachísimos son los priistas. No hay semana en que no nos enteremos de una de sus tantas gachadas.

GALÁN Al novio, pretendiente o amigo sentimental se le llama galán. Tal vez sea una manera de desformalizar la relación. Quizá resulte menos reprochable ante las personas de buenas costumbres tener muchos galanes, que salir con gran cantidad de novios. Se podría pensar que la palabra viene de «gallo», pero no es así, viene del francés *galant*.

GATA Por más clasista, racista y peyorativa que sonara la palabra, hace muchos años las patronas mexicanas, ricas o pobres, plebeyas o aristócratas, jóvenes o pasaditas de años, llamaban a su trabajadora doméstica *gata*. Hoy, ese término afortunadamente ya casi no se escucha. «No hay nada que hacer por ellas, son unas buenas gatas, malagradecidas y, por añadidura, ¡flojas!», se decían entre sí mientras jugaban cartas. «Pero ¿cómo quieres educarlas, si son gatas?», exclamaba una de ellas. «¿Saben quién se metió con la gata?», preguntaba la más chismosa. «No me sorprende, si su esposa se arregla como la típica gata», agregaba la más racista. Pero en el siglo XXI, si por casualidad se le escapara este vocablo a una señora de sociedad, no hay duda de que daría mala impresión. Y, claro, no faltaría una de sus amigas que le dijera al oído: «A la sirvienta, ahora, ya no se le dice gata, se le dice *maid*».

GÓBER PRECIOSO Es de las palabras más nuevas y ofensivas para los mexicanos. No sólo es un apócope de gobernador, sino que es un eufemismo para designar corrupción. La palabra *góber* tiene su hemiciclo de quien la instituyó y reviste a la figura más desprestigiada de la política nacional. Se trata del gobernador de Puebla, Mario Marín, quien se vio envuelto en un escándalo político al convertirse en el protector de un empresario acusado de pederastia, Kamel Nacif, y en una conversación telefónica se descubren los nexos y el abuso de autoridad:

En vísperas de la Navidad de 2005, una juez local, Rosa Cecilia Pérez, había dictado, apenas unas horas antes, auto de formal prisión en contra de la periodista Lydia Cacho. Después de ser enlazados por una secretaria se escucha:

—Quiúbole, Kamel.

—Mi *góber* precioso.

—Mi héroe, chingao.

—No, tú eres el héroe de esta película, papá.

—Pues ya ayer acabé de darle un pinche coscorrón a esta vieja cabrona. Le dije que aquí en Puebla se respeta la ley y no hay impunidad y quien comete un delito se llama delincuente. Y que no se quiera hacer la víctima y no quiera estar aprovechando para hacerse publicidad. Ya le mandé un mensaje, a ver cómo nos contesta. Pero es que nos ha estado jode y jode, así que se lleve su coscorrón y que aprendan otros y otras.

—Ya sé, y es que estos cabrones siguen sacando mamadas y mamadas. Pero yo hice una declaración. Fui a la televisión.

—Ah, qué bueno. ¿Allá en México o acá en Puebla?

—Aquí, pero dijeron que la iban a mandar allá. Salió aquí. Y yo en el *Milenio* le dije, si lo quieres leer, le dije, pus al señor gobernador no le tembló la mano.

—Ni nos tiembla ni nos temblará.

—Pinche bola de ratas. ¿Qué han hecho? Qué asquerosidad es esto, ¿eh?

—No, se sienten Dios en el poder.

—Así es. Yo te hablé para darte las gracias. Sé que te metí en un problema pero...

—No'mbre, a mí me gustan esos temas. Coincido contigo en que, jijos de la chingada, en esos temas... digo... no somos santos, desde luego, pero si alguien tiene pruebas que las presente. Y si no, que se calle la boca.

—Oye, pero en algo tan vergonzoso, mi distinguido. Porque es vergonzoso.

—Así es.

—Y yo, para darte las gracias, te tengo aquí una botella bellísima de un coñac que no sé a dónde te la mando.

—Pues a Casa Puebla.

—Yo te la quería dar personalmente, pero estás todo ocupado.

—Mándamela a Casa Aguayo, para echármela.

—¿Te la vas a echar? Pues entonces te voy a mandar dos, no una.

El problema es ¿cuántos «góber preciosos» gobiernan a las y los mexicanos? ¿A cuántos góber preciosos tenemos que padecer para que en este país la justicia sea una vía legal de autoridad y legalidad?

«Góber precioso», en sentido coloquial, designa favoritismos y corrupción a razón de una botella de coñac.

GRILLO, GRILLAR Tal vez el primer grillo que existió sobre tierra mexicana (metafóricamente hablando) fue el compositor veracruzano Francisco Gabilondo Soler, conocido por todos como Cri-Cri, el Grillito Cantor. En los años cuarenta, cuando el maestro Gabilondo Soler había alcanzado una enorme popularidad entre niños y adultos, su programa de radio en la XEW solía ser anunciado con la inolvidable canción que dice: «¿Quién es el que anda allí? Es Cri-Cri, es Cri-Cri. ¿Y quién es ese señor? El Grillo Cantor». Más tarde, en los años cincuenta, los grillos de Cri-Cri se convirtieron en los alumnos universitarios que realizaban campañas para presidente de generación de facultades como la de Derecho y la de Ciencias Políticas. Eulalio Rivas Hernández, autor del libro *Grillos y gandallas. Lecciones de política «a la mexicana»,* dice: «Recuerdo que en nuestra generación se consideraba a la "grilla" estudiantil como un reflejo de la mecánica de la política nacional, ya que los candidatos tenían que hacer agotadoras campañas...» Más adelante, Rivas Hernández nos describe a los que él llama «los grillotes»: «Al regresar de sus respectivas facultades, nos transmitían sus experiencias y, por regla general, dejaban cuadros perfectamente formados que les servían como base para seleccionar más tarde a los destacados por su trabajo, capacidad y lealtad; los que tenían esos atributos adquirían, automáticamente, la calidad de grillos a secas, pues para ascender a la calidad de grillo mayor había que llegar hasta la presidencia de la Federación Estudiantil Universitaria, ocupación que requería entablar una lucha contra todos los representantes de las diversas facultades y escuelas existentes».

Desde entonces la palabra «grillo», puesta en circulación según Rivas Hernández por Rafael Millán Martínez, egresado de Ciencias Políticas y de la Facultad de Derecho, no ha sido sustituida por otro término. Al contrario, al correr el tiempo, su significado se ha arraigado aún más en la jerga de la cultura política mexicana. Nada más natural que escuchar en conversaciones de café el verbo «grillar», conjugado en todos los tiempos y personas: yo grillo, tú grillarás, él grilló, ellos grillarían, nosotros estamos grillando, etcétera. También abundan expresiones como: «Ya me grillaron», «No me estés grillando», «Si me grillan, tengo que responder del mismo modo», etcétera. Sin embargo, no hay nada que ofenda más a un grillo que ser llamado precisamente «grillo». Por lo general, el grillo se desconoce como tal, ya que siempre existe un grillo mucho más grillo que otro.

Es importante hacer notar que, entre los grillos, éste es un valor entendido: «Te dejo grillarme, siempre y cuando me dejes grillarte». Este lenguaje subterráneo se da sobre todo entre los grillos y las grillas priistas (muy distintos de los verdaderos políticos y políticas).

GRINGO Después de mucho indagar la etimología de esta palabra tan mexicana, caímos en tres versiones bastante verosímiles. La primera dice que durante la guerra México-Estados Unidos de 1845-1847, los soldados estadounidenses que invadieron México solían cantar la canción «Verdes crecen las lilas», titulada en inglés *Green Grow the Lilacs*. Si juntamos las dos primeras palabras tenemos: gringo. La segunda versión dice que los batallones de Estados Unidos se identifican por medio de colores: el *blue*, el *red* y el *green*, etc. Cuando los soldados que pertenecían a este batallón se encontraban en plena batalla, el comandante en jefe les gritaba: «Green, go», exigiendo que avanzaran. Nuestros compatriotas empezaron a burlarse de ellos y a llamarlos: «¡Gringos, gringos!» La tercera versión narra que los soldados de Estados Unidos usaban uniformes verdes. Cuando llegaron a nuestro país, los mexicanos comenzaban a gritar: «Green, go home». Esta última versión fue la que nos pareció menos creíble, ya que los uniformes gringos de esos tiempos eran azules y celestes. Sea cual sea la versión más exacta y creíble, el caso es que los gringos nos siguen sacando canas *green*.

GRUESO Estar gruesa o grueso no tenía nada que ver con el peso físico, estaba más bien relacionado con el comportamiento de la persona. Cuando ésta pasaba los límites, se decía «está gruexa o gruexo» con X, ése era el superlativo de una actitud muy poco conveniente. Ahora bien, de una situación anormal o totalmente inesperada, también se decía, por ejemplo: «Estoy viviendo momentos gruesísimos, nunca me imaginé que divorciarse fuera tan gruexo, pero te lo juro que mi marido, ese sí que está grueso, porque no quiere darme mucho dinero para los niños. ¿No te parece gachísimo que me trate de esa forma tan gruesa?» Por más que buscamos la etimología de la expresión, no la encontramos. Imaginamos que tiene que ver con la gravedad. Es decir, mientras más grande y pesado sea el problema, más grueso es. Lo mismo se podría aplicar a las personas: cuanto más complejas e incomprensibles nos parezcan, más gruesas las vivimos.

GÜEY En nuestro listado de palabras con G, no podía faltar una expresión fun-da-men-tal para los jóvenes de ahora. Sin ella, están perdidos, no podrían expresar lo que realmente sienten. Es una muletilla tan importante que, sin hipérbole, podríamos decir que llegan a emplearla seis mil veces al día. Esta expresión archiempleadísima por los jóvenes es una deformación de «buey», lo que hace mucho significaba tonto. Por contradictorio que parezca, llamarle a un amigo güey también puede ser un término afectuoso: «¿Qué onda, güey? ¿A qué horas nos vemos, güey? Oye, güey, como eres a toda madre, tú compras los boletos. ¡Sí, güey! ¿Cómo que no, güey? Ahora te toca a ti, güey… Bueno, güey, ya me voy, porque aquí hay unos güeyes que me están molestando. Luego te hablo, ¿sí, güey?» Con esta expresión sucede algo muy similar que con la palabra madre, la cual puede usarse como despectiva o superlativa. Hay que decir que las chicas también la usan constantemente. Algunas de ellas, incluso, se llaman entre sí güeyas. Pero la que más usan es güey, lo mismo si están hablando con su novio: «Ay, güey, te quiero mucho». Al emplearla es muy importante la entonación que se utiliza y el contexto en que es dicha. Por ejemplo:

«La verdad es que soy un güey por dejarme tratar de ese modo», dicen los autocríticos, pero en un tono afectuoso, para seguir diciendo de manera agresiva: «Pero es que con ese tipo de güeyes es difícil atinarle. El peor de todos es ese güey al que llaman el Mocos. El otro día que me lo encontré en la calle le dije: "¿Y sabes qué, güey?, a mí no me vas a tratar así"».

De igual manera, resulta sumamente atinada la palabra para decir que alguien cometió una tontería garrafal: «¡Híjole, pero qué güey fue el gobernador al haber negado que era su voz!».

h

JUBILEMOS LA H

Hace muchos años, un amigo me invitó a su rancho en Querétaro, al cual había bautizado como «Caviar». Intrigada por el apelativo, le pregunté la razón: «Porque es un lugar ideal para echar la hueva», contestó sonriente. Claro que al decir lo anterior mi interlocutor no se refería al caviar o la uva marina. Se refería a lo que nos esperaba a otros amigos y a mí ese fin de semana, es decir, que durante dos días nos la pasamos sin hacer nada. Cuando regresé al D. F., me sentía relajada gracias a aquella hueva, mucho más rica que el caviar. En una ocasión, también le preguntaron al candidato a la presidencia por el PRD, Andrés Manuel López Obrador, algo respecto de Felipe Calderón, a lo que respondió: «Calderón me da hueva». Es decir: «el candidato a la presidencia por el PAN me inspira una infinita flojera».

Sirva esta pequeña introducción para hablar de la letra que nos ocupa este domingo, la H, la cual deriva del hebreo *heth*, que en las lenguas semíticas significa «cerrado»; por esto tiene la barra en medio. La octava letra del abecedario no sólo es muda, sino que no produce ningún efecto fonético. Por eso Gabriel García Márquez ha dicho: «Jubilemos la ortografía, terror del ser humano desde la cuna: enterremos las haches rupestres, firmemos un tratado de límites entre la ge y jota, y pongamos más uso de razón en los acentos escritos, que al fin y al cabo nadie ha de leer lagrima donde diga lágrima ni confundirá revólver con revolver». Tampoco al presidente Fox le

79

gustan mucho las H. Por ejemplo, en una dedicatoria ya histórica que puso en el libro de oro de una secundaria, escribió «haber» sin H.

¡A HUEVO! Así decimos en México cuando nos vemos obli-ga-dos a hacer cualquier cosa, a pesar de que nos dé pereza o que implique esfuerzos. Ejemplos:

> «¡A huevo, tengo que pagar mis impuestos!» «Ahora sí, tengo que ponerme a huevo a dieta.» «A huevo se tiene que ir el gobernador de Puebla, porque de lo contrario ya nadie le va a creer nada.»

HALLARSE Un viejo verbo muy mexicano que se utiliza de forma metafórica y que significa encontrarse en armonía con el entorno y con uno mismo. «Afortunadamente ya no tomo Prozac porque ya me hallé en la vida», me dijo no hace mucho tiempo mi amiga Sofía. Qué bueno, porque no hay sentimiento más incómodo que sentirse perdida en la vida, no hallarse en ninguna parte. He aquí otro ejemplo: «Vicente Fox jamás se halló en la Presidencia. Pero la que se halló perfecto fue Martita. Aunque están cada vez más perdidos, los que también se hallaron de maravilla en Los Pinos fueron los hijos de la primera dama». Una de las principales causas de abandono del trabajo doméstico es porque la trabajadora no se halla, y dicen muy convencidas: «Lo que pasa, señora, es que nunca me hallé en su casa».

No hay duda, no hallarse es un problema existencial muy posmoderno.

¡HÍJOLE! Es una interjección que denota sorpresa, disgusto o gusto, y que se usa desde tiempos inmemoriales. Nunca ha pasado de moda, aunque a veces es reemplazada por la expresión muy mexicana: ¡Jijos! ¡Híjole! es la primera palabra no malsonante que aprenden los extranjeros y les sirve para todo. Ejemplo: «¡Híjole!, este país es muy surrealista. Yo no entender nada de su política».

HOLA *Hola* es la revista española que goza de gran éxito en México. Me atrevo a pensar que es la más vendida de las revistas dedicadas a las celebridades. Las mexicanas podrían decir: «Leo *Hola*, luego existo». Esta publicación implica un exhibicionismo que responde a cierto voyeurismo: la lectora que quiere enterarse de cómo viven sus ídolos, y al mirar las fotos siente como si fuera de visita a casa de su amiga para ver sus muebles, tapetes, decoración, y poder inspirarse o copiar modelos, gustos o estilos, o el voyeurismo de la lectora que quiere un parámetro o medida para saber qué ropa o joyas debe usar, cómo vestir a su hija de novia, etc. Otra busca un espejo en donde mirarse. ¿Qué aspecto tienen las famosas? Quiere saber si hacen dieta, si practican algún deporte, si ya se restiraron. En fin, quiere descubrir lo que hace que se vean así. Es una especie de autoayuda, de decirse a sí misma que también puede cambiar y mejorar.

El saber quién es quién en el mundo de *Hola* se ha convertido en una cultura que enriquece las conversaciones de las damas adictas a esta revista. Sin tener antecedentes históricos de las dinastías europeas, conocen a los soberanos, a los príncipes y princesas por su nombre, y se refieren a ellos como si de su familia se tratara. «Ah, qué Estefanía, ya se nos volvió a enredar con otro naco. Qué diferencia Carolina, siquiera se casó con alguien de su círculo.» «Pobre Grace, si viera todo lo que pasó con su familia.» «Así pasó con los hijos de mi tía Rosario.» Además de satisfacer la curiosidad, es una verdadera tranquilidad constatar que «las celebridades también lloran» y que sufren las mismas cosas que la gente común, cuando se enteran de divorcios, traiciones, enfermedades o muertes.

¡HOLA! Las niñas-bien de ahora ya no saludan con el típico quiúbole, ahora dicen: «¡Hola!», con aire indiferente. Seguro que piensan que es más elegante, menos naco.

HOTEL Hemiciclo inaugural de los deseos adolescentes. La ciudad de México y los mexicanos se clasifican por hoteles. Francamente los hoteles, sean de paso o de cinco estrellas y *resorts,* guardan sus historias insumisas, pecaminosas y hasta graciosas.

El hotel es la extensión de la oficina de un burócrata o empresario medio. No hay mejor pretexto que las famosas juntas de ombligo; en los límites de los cuerpos y las caricias se cierran negocios, se liman asperezas y se conocen las secretarias y los jefes.

Para los ritos de iniciación de los jóvenes, nada como los hoteles de paso con todo y mujer, regadera y cobija. En el hotel de paso pasa de todo, pero pasa tan rápido que nadie logra entender lo que pasó… De las pasiones asalariadas al sentimiento *larista* «vendiendo caro su amor, aventurera», el hotel de paso es la institución no oficial de la exploración sexual y la visita anónima.

La propagación de hoteles-moteles desde la década de los cuarenta sirvió primordialmente para ofrecer hospedaje a comerciantes itinerantes, camioneros y modestos viajeros por tierra. De hecho, *motel* es la unión de las palabras inglesas *motor* y *hotel,* a cuyas habitaciones se llega directo en un vehículo automotor. Se dice que es el presidente Ávila Camacho quien permite la instalación de los primeros hoteles de paso en la Ciudad de México, con fines más de negocios que sexuales, pero la necesidad y las ganas juntas hicieron de estos espacios los lugares donde pasa de todo. El hotel es una referencia pecaminosa y todo buen mexicano sabe de qué estamos hablando cuando escucha esta palabra.

HUARACHUDA O HUARACHUDO «Mi familia nunca usó huarache», dicen las familias pretenciosas. «Mira, la niña que anda con tu hijo todavía no se quita el huarache. Tiene mucho que aprender», recomiendan a una amiga cuyo hijo sale con una joven que no es de su misma clase. «No da paso sin huarache», se dice de alguien muy interesado, dispuesto a «lambisconear» hasta al chofer con tal de acercarse a su jefe.

HUEVONEAR Del verbo echar la hueva, flojear, perder el tiempo y pasar horas pensando en la inmortalidad del cangrejo. No hay nada más agradable que echar la hueva los domingos y no pensar en la bola de huevones que nos esperan el lunes en la oficina.

Muchos son tan huevones que hacen San Lunes.

HUEVOS Respecto a la palabra huevos, en el país existe una infinidad de acepciones. Hemos de decir que éstas son de uso muy delicado y no siempre resulta muy correcto pronunciarlas sin antes reflexionar qué quiere decirse, de ahí que se recomiende que cuando se hable de los «huevos» de la gallina, mejor se diga «blanquillos», para evitarse problemas. Qué importante es en México saber utilizar toda la gama de palabras alrededor de los huevos. No obstante, hoy son cada vez más las personas que las dicen a la menor provocación.

Tener muchos huevos significa ser una persona muy valiente, así se trate de una mujer, aunque muchas veces se reemplaza la palabra con «ovarios». Contar con un buen par de huevos es ser muy «macho» y no tenerle miedo a nadie.

i

Una izquierda a la mexicana

No está por demás recordar a nuestros lectores que la I es la décima letra del abecedario y tercera de las vocales. Se pronuncia levantando la lengua más que para pronunciar la E y cerrando los labios también algo más. El mismo sonido se representa también en ciertos casos por Y. También está la Y griega, que no tiene nada que ver con la I latina. La letra I deriva de la décima letra proto sinaítica *iodo* o «mano», por eso en griego se conoce como «iota». El punto fue añadido en la edad media para no confundir, en la escritura cursiva, el diptongo latino *ui* con el *iu* posteriormente se generalizó a todo uso de la I minúscula.

IDENTIDAD NACIONAL Si algo nos define es nuestra identidad, es decir, esa forma de ser que a las y los mexicanos nos une. En cada ocasión masiva se refuta la identidad del barrio o de la calle. Mientras que en las grandes capitales del mundo caminan anónimos e individualistas sus ciudadanos, en México somos muy buenos para identificarnos, para distinguirnos.

Quienes cruzan la frontera —de forma legal o ilegal—, cuando vuelven a sus lugares de origen, mezclan estas identidades, pero en el fondo gana la identidad nacional.

Hay que estar atentos en un partido de la Selección Nacional para ver cómo salta a la vista la identidad. En cada noche del 15 de septiembre, el Zócalo se habita de las y los mexicanos que buscan refrendar su amor a la patria.

Entre los elementos que nos dan identidad está el lenguaje, la fiesta y la devoción guadalupana; estos tres elementos definen la mexicanidad que llevamos en la sangre.

IGUAL He aquí una expresión muy utilizada por los adolescentes; de hecho, hemos corroborado, no sin preocupación, que tanto a ellos como a ellas, todo les da igual, es decir, les da exactamente lo mismo; también dicen: «Me es indiferente». Si se les preguntara, por ejemplo: «¿Quién quieres que gane las elecciones?», seguramente contestarían: «Me da igual». Esta expresión es tan utilizada por los jóvenes, que la emplean bajo cualquier pretexto: «Igual te llevo al aeropuerto y así aprovecho para sacar mi credencial de elector», por decir: «Si quieres te llevo al aeropuerto y así aprovecho para…»

IGUALADO Alguien que es muy «igualado o igualada» es considerado como una persona irrespetuosa; una persona que no sabe guardar las debidas distancias respecto a las jerarquías. Un igualado o igualada trata de tú por tú a todo el mundo, tomando mayor confianza de la debida. Los que pertenecen a esta categoría les hablan precisamente de «tú» a todos, incluyendo a personas mayores o que acaban de conocer. «¿Qué se creé esta igualada, que somos iguales, o qué?», se pregunta indignada la patrona después de que su trabajadora doméstica osó contradecirla.

INDIO No hay peor insulto para una o un mexicano que llamarlo «indio». Este supuesto «insulto» resulta todavía más peyorativo si se le agrega «patarrajada». La gente bien de antes, europeizada e ignorante, odiaba a Benito Juárez, más que por la separación de la Iglesia y el Estado, por el hecho de ser un «indio». Dice el diccionario de mexicanismos que es una denominación impropia que dieron los conquistadores a los antiguos pobladores autóctonos de América, o Indias Occidentales, basándose en el aspecto exterior de su figura, que les hizo creer, a primera vista, que eran iguales a los que vivían en las Indias Orientales. Existen muchos refranes muy mexicanos con la palabra «indio». Por ejemplo: «No tiene la culpa el indio, sino el que lo hace compadre», o bien, «Subírsele a uno lo indio», lo cual quiere decir enojarse de una forma desproporcionada y no muy correcta.

INFLAR Son sinónimos de esta expresión chupar, empedarse, estar en el agua, emborracharse, etc. Todas estas expresiones se refieren al consumo de bebidas alcohólicas; por lo tanto, la «inflación» no sólo es un fenómeno económico, sino también un fenómeno alcohólico. La inflación es el acto de «inflar». Aunque un poco pasado de moda, aún se utiliza, por lo general entre hombres, de la siguiente manera: «Oigan, cabrones, hay que seguir inflando en la cantina de enfrente, porque aquí ya van a cerrar». «Traigo una "cruz" del carajo por la "inflación" de ayer.» Lo cual quiere decir: «Amanecí con los efectos de la borrachera de ayer».

INTERNET Se convirtió en la ventana paradisiaca de las y los mexicanos. Ha sido la revolución tecnológica que asombró a la humanidad. En México la cibernética y el Internet constituyen los retos sociales y de distancia frente a un lenguaje que hay que dominar y rediseñar a la mexicana.

Hoy día los mexicanos pueden enamorarse por Internet, conseguir una chamba por Internet, comunicarse con sus familiares que están del otro lado por Internet. Por ello, hasta finales de los años noventa, en cada colonia había un café Internet donde los menos provistos podían asistir para entrar al hipermundo. Curiosamente estos cafés no servían café, pero si podía uno perderse en realidades virtuales con esta vía de acceso de información y comunicación.

Hoy día tenemos bibliotecas, escuelas equipadas con este sistema, casas y pequeños centros de reunión donde la red inalámbrica hace posible estar en el mundo, entrar en contacto con el mundo.

Aunque claro está que si hay un lector que aún lee libros, diarios o revistas, es que todavía mucho de lo que pasa en el mundo no ha entrado a Internet. Y como dice A. G. Amstrong en su libro *Net Gain:* «Internet se convertirá, en el imaginario del hombre, en lo que representó América en 1492, un lugar sin carencias, un lugar protegido contra toda herencia, un paraíso libre de cambio donde, al final, se podrá construir un consumidor insomne, un trabajador infatigable, una realidad alterna».

«IRA, IRA» Más que estar poseído por la cólera, o encenderse por alguna situación muy desagradable, la palabra «ira» en este caso en realidad quiere decir «mira». Hay que decir que es la gleba la que más solía emplearla. Por ejemplo, en las películas de Cantinflas o de Chachita (Evita Muñoz), los protagonistas recurrían a ella, como expresión, a la menor provocación. Por ejemplo, cuando el Pichi (Fredy Fernández), novio de Chachita, quería impresionarla, ésta le decía: «Ira, ira…», como diciéndole: «Bájale la crema a tus tacos», es decir, no exageres. También se empleaba para señalar algo inesperado: «Ira, ira ese "mango" que está pasando por el puesto de periódicos», lo cual quería decir: «Mira a esa mujer tan guapa que está pasando por el puesto de los periódicos».

ITACATE «Provisión de comida que se lleva en un envoltorio, yendo de viaje», dice el diccionario de Francisco J. Santamaría. Desde hace muy poco tiempo, en muchos restaurantes está de moda por parte del capitán o de los meseros preguntar si la o el comensal desea llevarse lo que no terminó de su platillo. De allí que resulte un poquito ridículo ver salir del restaurante a parejas muy bien vestidas llevando en la mano su pequeño itacate. Igualmente, es de muy mal gusto decir a la anfitriona algo como: «Estaba deliciosa la carne con las papitas… ¿No te importa si me llevo mi itacate para mi marido?»

IZQUIERDA Hoy por hoy, existen muchas maneras de ser de «izquierda», las cuales no necesariamente significan pertenecer al sector político de ideas progresistas.

Más que examinar la «izquierda mexicana», analizaremos otras categorías de la izquierda que son a veces sorprendentes y hasta contradictorias.

IZQUIERDA «CAVIAR» Antes había la «izquierda intelectual», la «izquierda crítica», la «izquierda moderada» y la «izquierda radical». Pero a partir de los años ochenta surgió la «izquierda caviar».

A esta categoría pertenecen los «izquierdosos» ricos, anónimos o gente conocida, ansiosos de pertenecer a los círculos de poder progresistas, ya sea en el ámbito de la economía o en los medios cultural o político.

Los que pertenecen a este tipo de izquierda son necesariamente burgueses, en el más estricto sentido de la palabra.

Muchos de ellos son de la generación de la «revolución» del 68 y con el tiempo se volvieron priistas. De allí que muchos de ellos hubieran aplaudido la firma del NAFTA, dicho en español, el Tratado de Libre Comercio. Antes sus expresiones eran llamar a sus amigos «maestro», y hacían mofa de los «burgueses», es decir de los que eran como ellos son ahora, y se burlaban del *establishment*.

Antes adoraban a Fidel, al Che y no usaban corbata. Pero ahora detestan a Castro, a Hugo Chávez, a Marcos; se visten como *yuppies* o metrosexuales. Ven los debates políticos del Canal 2 y se regodean con manifestaciones culturales que antes ellos mismos habrían criticado de superficiales.

Muchos de ellos condicionaron su voto por López Obrador a que las encuestas lo colocaran más de 10 puntos arriba de los demás candidatos.

IZQUIERDA «FRESA» Pertenecen a esta categoría las personas que se consideran política y socialmente de «izquierda», a veces incluso de «izquierda extrema», pero a las que les asusta el sexo, las drogas y el rock. Estos «izquierdos» del corte de los últimos representantes de la izquierda soviética o del comunismo de Alemania Oriental son en extremo puritanos y asustadizos. Por ejemplo, se asustan de las parejas homosexuales, jamás irían a ver la película *Secreto en la montaña*. No tienen idea de quiénes son U2, Greenday, ni siquiera los Rolling Stones. No saben lo que es el *rap* ni mucho menos el *hip-hop*. No han visto la escena de Sharon Stone cruzando las piernas. Van a la Basílica de Guadalupe a escondidas y no pueden tener amigos que vivan en concubinato.

JUÁREZ...

APUNTES SOBRE UN HÉROE

«Es imposible, moralmente hablando, que la reacción triunfe», dijo Benito Juárez

Quiero pensar que en la letra J del diccionario personal de cada mexicana y mexicano aparece en letras de oro un nombre fundamental para entender mejor el México moderno, republicano y democrático. Un nombre que consolidó nuestra identidad como mexicanos, un nombre gracias al cual vivimos en un estado laico y un nombre que cumplió, precisamente el martes 21 de marzo de 2006, 200 años de brillar en la historia de nuestro país.

Ese día se le cantaron «Las mañanitas» a lo largo y ancho de toda la República. Se las cantaron en zapoteco, en castellano y hasta en inglés.

Ese día la primavera amaneció con un sol radiante y los más de 500 municipios de Oaxaca, especialmente Guelatao, se vistieron de fiesta.

Pero lo más importante es que ese día su nombre se pronunció millones de veces por todo el mundo, sobre todo por boca de los niños y niñas indígenas.

Juárez se escribe con J de justicia, de jurista y para muchos de jacobino. «¡Juárez, Juárez, Juárez!», le gritaban los legisladores de todos los partidos a Vicente Fox el día de su toma de posesión. «Sí, sí, sí... Juárez», respondió con cierto sarcasmo el flamante presidente.

¿Cuántas calles, cerradas, colonias, escuelas, bibliotecas, centros deportivos, plazas, parques, cines, cafés, torterías, billares, cantinas, rancherías, asilos, hospitales, centros de rehabilitación y hasta hoteles de paso llevarán el nombre de «Juárez» en la República Mexicana? Pregunta ociosa e imposible de contestar. ¿Cuántos óleos, bustos, grabados, esculturas, figurillas talladas en madera, en cristal y hasta en hoja de maíz se habrán fabricado con la inconfundible efigie de Juárez? ¿Cuántos libros de historia, ensayos, discursos, análisis, biografías, crónicas, editoriales, críticas, guiones de telenovelas, cine y teatro se habrán escrito en torno de la figura de Juárez? Imposible de saber.

¿Cuántos danzones, corridos, rancheras, valses, minuetos, polcas, marchas y música para banda se han escrito en homenaje a Juárez? A lo largo de estos 200 años que festejamos aquel martes por su natalicio, ¿cuántas caricaturas y chistes políticos ha inspirado el presidente Juárez?

¡Ah, si Juárez no hubiera muerto… todavía viviría!

Hoy, en nuestro abecedario personal transcribiremos cuatro J de los cuatro Juárez en diferentes etapas de su vida. Más que los aspectos políticos, señalaremos los personales.

Para ello, nos basaremos en sus propios testimonios recopilados en la obra *Apuntes para mis hijos,* donde aparecen sus primeras vivencias. Asimismo, nos inspiraremos en el libro de Fernando Benítez *Un indio zapoteco llamado Benito Juárez.*

JUÁREZ NIÑO Cuando Pablo Benito, huérfano de padre y madre, tenía seis años, cuidaba una pequeña parcela de la aldea de San Pablo Guelatao, del distrito de Ixtlán.

Allí iba todas las mañanas para cuidar unas cuantas ovejas. Mientras tocaba su flauta de carrizo, se acordaba de sus hermanas, Josefa, Rosa y María Longinos.

En sus ratos libres, aprendía a leer con su tío Bernardino Juárez. Tenía tantas ganas de aprender que él mismo le llevaba la disciplina para que lo castigara si no se sabía la lección.

Entonces, en Guelatao no había escuela, ni iglesia, era lo que se llamaba un «pueblo corto», donde vivían 20 familias. No había nada de nada, más que pobreza y mucha injusticia social.

Sin embargo, Benito los domingos era más feliz que el resto de la semana, pues era el día en que, junto con otros niños, se iba a cazar conejos.

Uno de esos domingos tuvo una aventura que lo pintaría de cuerpo entero para toda su vida.

Esa mañana, él y sus amigos se embarcaron en una barquita de remos.

Ya estaba muy viejita; no obstante, se arriesgaron porque querían pasear por una laguna que estaba muy cerca de Guelatao.

Al poco rato de estar reme y reme, empezó un ventarrón. Era tan fuerte que empezaron a tener miedo. Muchos de ellos comenzaron a saltar al agua.

«Yo me voy nadando a la orilla», empezaron a decir uno a uno, salvo Benito.

«Yo aquí me quedo», expresó él muy serio. Y así fue: a pesar de que la tormenta se agudizó todavía más, el pequeño Benito pasó la noche solito y su alma.

A la mañana siguiente fueron a buscarlo sus amigos, y al verlo tan digno, pero sobre todo tan vivo, comprendieron que estaban frente a un pequeño héroe.

Desde ese día en el pueblo se empezó a decir: «A mí me hizo lo que el viento al niño Juárez».

JUÁREZ ADOLESCENTE Fue el miércoles 16 de septiembre de 1818 cuando Benito se encontraba como siempre cuidando a su rebaño: serían como las once de la mañana, cuando de pronto vio pasar a unos hombres arriando unas mulas. Iban como para la sierra.

«¿Vienen de Oaxaca? ¿Y cómo es la capital? ¿Y allí hay muchas escuelas? ¿Y todos los niños asisten a clases?», les preguntaba Benito curiosísimo.

Los arrieros le contestaban cada una de sus preguntas hasta con detalles.

De repente, el adolescente se percató de que le faltaba una oveja. «¿Dónde, dónde está?», gritaba alarmado.

Fue Apolonio Conde, el mayor de los arrieros, quien le dijo: «Tranquilo. Yo vi cuando uno de mis compañeros se llevó tu borrego».

Esa tarde, Benito ya no regresó a casa de su tío. «Ese temor y mi natural afán de llegar a ser algo me decidieron a marchar a Oaxaca».

Benito caminó descalzo 14 leguas. Ya era muy de noche cuando llegó a la casa de la familia Maza, donde su hermana María Josefa servía de cocinera.

Allí empezó a trabajar como mozo, ganando dos reales cada día (25 centavos).

JUÁREZ HOMBRE ¿Quién le iba a decir a ese mocito indígena que no sabía ni leer ni escribir, que con los años se convertiría en un brillante abogado, en regidor, diputado local, juez civil, secretario de gobierno, diputado federal, gobernador de Oaxaca, secretario de Justicia, presidente de la Suprema Corte de Justicia, presidente de la República y marido de Margarita Maza, hija de su antiguo protector, Antonio Maza, genovés radicado en Oaxaca y dueño de un comercio?

Cuando Benito conoció a Margarita, él tenía 37 años y ella acababa de cumplir 17. Margarita era una niña bien oaxaqueña, inteligente y muy intuitiva. «Debió ser una encantadora muchacha como luego una mujer encantadora, toda dulce, con simpatía y porte y dignidad señorial», escribió de ella Justo Sierra.

Un día Margarita Eustaquia recibió una notita escrita por mano de Juárez, donde le decía: «Formar a la mujer con todas las recomendaciones que exige su necesaria y elevada misión, es formar el germen fecundo de regeneración y mejora social.

»Por eso es que su educación jamás debe descuidarse. Tu novio que te ama y desea, Benito Juárez».

Dicen que desde que Margarita leyó esa carta, se enamoró de ese hombre dispuesto a hacer todo por que las niñas y las mujeres se educaran como los varones.

«Sí, ya sé que es muy feo, pero también es muy bueno», le explicó a su padre el día que le anunció su matrimonio con Benito Juárez.

JUÁREZ ESPOSO Y PADRE Dice el historiador José Manuel Villalpando que Juárez fue un excelente marido y padre, y que la muerte de dos de sus hijos a causa del crudo invierno de Nueva York le provocaba profundas depresiones.

Para entender mejor todo lo que padeció Juárez como padre transcribimos la siguiente carta: «Como debes suponer, mi corazón está destrozado con golpes tan rudos como los que hemos recibido con la pérdida de nuestros hijos, pero es necesario resignarnos a tan duras pruebas y no dejarnos abatir, porque nos quedan aún hijos que necesitan de nuestra protección y amparo.

»Te ruego que tengas calma y serenidad, que procures distraerte y que te cuides para que puedas estar en posibilidad de cuidar a nuestra familia. No tengas cuidado por mí.»

Hoy por hoy, y como están las cosas en nuestro país, qué ganas de gritar desde el fondo de nuestro corazón: «¡Juárez, Juárez, Juárez!»

j

ESTAMPAS ¿MEJICANAS?

Hace muchos, muchos años, México se escribía con la undécima letra de alfabeto. Su nombre es «jota». «... A fines de diciembre salí de Méjico, con una corta fuerza que se puso a mis órdenes», escribió don Benito Juárez en su obra *Apuntes para mis hijos*. Siempre que el presidente Juárez se refería a nuestro país por escrito, le ponía una J, en lugar de la X. No sé cuál de las dos maneras me gusta más. Tal vez la primera suene más patriota. Claro que su X algo nos recuerda de dolor, de cruz y de mucho sufrimiento para por fin lograr quitarnos la «jota», como la danza española. Y es que la letra J es una mera transformación que sufrió la letra I, de allí que también tenga un punto arriba. Inicialmente se le conoció como I. De hecho, es relativamente nueva. No existía en latín.

JALADA Originalmente tiene que ver con la masturbación, pero ahora se usa por extensión para referirse a algo inventado, sin consistencia, una mentira o una exageración. Por ejemplo: «No me estés contando tantas "jaladas", porque no te creo ni una sola palabra».

JAMAICA, EL MERCADO Uno de los lugares más floridos del Distrito Federal es el Mercado de Jamaica; recorrer sus pasillos es un privilegio para la vista y el olfato. De las tradicionales rosas y margaritas a las más sofisticadas y exóticas flores se encuentran en este tradicional espacio.

A diario el mercado se abre como un invernadero popular, sus pasillos emulan los jardines colgantes, entre tantas formas y colores se reaniman los sentidos y el amor por la naturaleza. Ahí se puede ver lo mismo un intermediario llenando su camioneta que a un enamorado comprando orquídeas, tulipanes o los modestos claveles.

Pero también jamaica es una flor roja intensa que en México consumimos con singular gusto, la hacemos en agua y la ofrecemos en fiestas infantiles y remedios herbolarios de la abuela. El agua de jamaica se hizo famosa en la residencia oficial de Los Pinos en la época de López Portillo, pues Carmelita Romano gustaba de ofrecer como bebidas oficiales la de jamaica, horchata o limón. Según ella representaban los ¡colores patrios!

JEFA Hoy por hoy, así se le llama a la mamá, a aquella señora que tiene un comportamiento *cool,* es decir, desenfadado y más bien campechano con sus hijos. Escuchemos la voz de un «junior»: «Mi jefa me prestó una buena lana para comprarme un coche. Lo bueno es que mi jefe ni siquiera se imagina la cantidad… Así es mi jefa de buena onda. Por eso la quiero un buen…» El próximo 10 de mayo no se olvide de festejar a su «jefecita».

JODA La expresión «¡qué joda!» quiere decir ¡qué friega! o ¡qué molestia! Ejemplo: «Es una joda llegar al final de la quincena sin un solo centavo…»

JODER Acto sexual. Por ejemplo, en la expresión «el macho no piensa en otra cosa más que en "joderse" a la secretaria, a la vecina, a la comadre y hasta a la cuñada…» Pero también quiere decir molestar: «¡No jodas!», exclaman los enojones mal hablados. Según el diccionario de mejicanismos (con «j»), joder es el «término más obsceno, por hacer coito, fornicar».

JODIDO Estar «jodido» quiere decir muchas cosas, todas ellas negativas; por ejemplo, estar enfermo, pobre, equivocado o estar del lado perdedor del espectro político. «Te jodiste» es sinónimo de «te fregaste, te chingaste o te amolaste». Hace muchos años, Emilio Azcárraga llegó a confesar en una entrevista que él hacía televisión para los «jodidos», es decir, para los pobres, para el pueblo y para los ignorantes.

JOTO Dice el estudioso Juan Carlos López Natividad que, en México, la palabra «joto» quiere decir homosexual o afeminado. Esta palabra nació hacia 1910 porque, según López, los homosexuales eran recluidos en la crujía J de la antigua cárcel de Lecumberri. Hay que decir que esta expresión va cayendo gradualmente en desuso. Llamar «joto» a alguien denota carga homofóbica, ignorancia y desconocimiento de la situación actual de la comunidad gay, la cual ha ido ganando terreno poco a poco.

Aquel que profiera este apelativo se arriesga a ser enfrentado por quien se sienta ofendido. «Prefiero que mi hijo se junte con la pandilla de pelados de la esquina a que vaya a ser "joto"», decían las mamás mexicanas de la década de los cincuenta.

JUDAS Manera despectiva de llamar a miembros de la comunidad judía. A los miembros de la policía judicial también se les conoce con este mote. Al «Judas», es decir, a Judas Iscariote, uno de los doce apóstoles, se le quema, figurativamente, convertido en un monigote, durante la Semana Santa. Cuando a alguien se le llama «Judas» es que se trata de una persona traidora. Judas viene del nombre Judah, que significa «alabado»; es una de las 12 tribus originales de los hebreos y la más importante de todas.

JULIO 2 He aquí una fecha que ya es histórica. Ese domingo de las elecciones presidenciales, sin duda, fue un parteaguas en nuestra incipiente democracia. Muchos analistas consideraron que ese día se decidiría el porvenir para el país para los próximos 50 años...

El 2 de julio de 2006 ha sido el día más largo de la historia mexicana; el país vivió 60 días con el dedo marcado, con su huella política entre el encono y la impaciencia. Los ciudadanos se portaron a la altura ese domingo electoral, salimos, acudimos a las urnas, ejercimos nuestro derecho, cumplimos con nuestra obligación. Luego el IFE con su representante nos prolongó el resultado, nos silenció hasta el 5 de septiembre en que el Trife determinó los resultados de esa contienda y ese encono.

JUNIOR MEXICANO No hace mucho, un joven lector me mandó muy amablemente por correo electrónico lo que para él correspondería al perfecto «junior mexicano». Dado su estilo fresco y sumamente auténtico, decidimos transcribirlo tal y como se nos envió.

«Por lo general, son hijos de políticos, empresarios, comerciantes, textileros, prestanombres, narcos, discotequeros, prostibuleros, fayuqueros, etc. Éstos hoy viven una de las mejores épocas en México para ser nuevos ricos, debido a la baja moralidad y al hecho de que ya no importa de dónde salió tu dinero, ni de qué familia vienes. Hoy en día, mientras tengas dinero y estés dispuesto a gastarlo, con eso basta. Hoy a éstos se les puede ver en todos los mejores lugares siendo igual de gritones, malhablados, prepotentes y nacos por doquier. Los orígenes de todos éstos son bastante sombríos, ya que nadie sabe de dónde salieron hasta que por lo general acabaron en una buena escuela o universidad. Su máximo son los guarros (guaruras), no hay nada que no traten de hacer para poder tener guarros, ya sean varios o aunque sea uno. Hay hasta los que disfrazan al jardinero o contratan a alguien sólo los fines de semana con tal de que en el antro los vean con su guarro. Sus coches siempre tienen que ser de lo más llamativo, y mínimo tiene que ser un Audi, y de ahí hasta Ferraris o Porsches.

»Aunque desde la muerte de Versace su vestimenta ya no es tan llamativa, se siguen distinguiendo por traer las marcas más caras (ya sea imitación o real), pero siempre lo de peor gusto. Compran imitaciones no porque no les alcance para lo original, pero el problema es que ellos no ven o no saben reconocer la diferencia en calidad. Ya no usan sus cadenotas de oro amarillo, ahora son de platino u oro blanco, y el Rolex lo cambiaron por Audemars Offshore o Frank Muller o cualquier reloj que esté de moda. Obviamente, ellos no los compran en joyerías, sino que tienen gente que se los "consigue". Se la viven en los mejores antros derrochando champaña y otras botellas, como si nadie supiera que su papá tal vez está en la cárcel, en algún video, prófugo o acusado de alguna transa. Y, claro, ellos por supuesto niegan cualquier ilícito de su familia y hasta orgullosos están de lo que sus papás han hecho y les dan. Para ellos, lo máximo es poder andar con una niña fresa, pero por lo general acaban con lo peorcito de éstas o con alguna naquita a la que tuvieron que arreglar. En el antro, para ellos lo más importante es la mesa y están dispuestos a pagar lo que sea nada más para que todos sepan que tienen y gastan. Hoy en día, tenemos a muchos muy preocupados, ya que no han podido conseguir su American Express Negra, y el que no se la den es lo peor que puede pasarles, aunque muchos ya están haciendo lo imposible por conseguirla. De vacaciones, han hecho todo lo posible por arruinar lo que para otros era elegante, como St. Tropez, y aparte de hacer sus supershows dejan el nombre de México "muy en alto". Por lo general, no tienen trabajo fijo en buenas empresas, sino que están deambulando por todos lados a ver de dónde sacan una buena comisión o algún contrato.»

JUNTAS, NI DIFUNTAS Hace mucho tiempo, las mujeres mexicanas posmodernas dejaron de ser una perita en dulce para cubrirse de un ácido intolerable, especialmente para los que viven con ellas. Para explicarnos aún mejor, describiremos algunos de los defectos muy característicos de esta supuesta mujer *li-be-ra-da, rea-li-za-da* y *su-pe-ra-da,* que cuando los hombres se tienen que topar con ella evocan ese dicho tan mexicano: «Juntas, ni difuntas».

Dado su espíritu liberal, cada vez están más mal habladas. Creen que si dicen malas palabras se ven más jóvenes y modernas. Si están manejando al mismo tiempo que están hablando desde su celular y un coche se les cierra, con toda naturalidad comentan a su interlocutora: «No sabes cómo se me cerró, el imbécil. Te lo juro que casi choco… Entonces, ¿qué decías…?», preguntan a su amiga a la vez que, sin darse cuenta, ellas mismas se les cierran a otro vehículo. Por lo general, esta categoría de conductoras, si no están hablando por su telefonito, se van maquillando, cambiando de estación, buscando un *compact* o gritándole a sus hijos. Igualmente insoportables son las que tienen chofer. Éste no puede avanzar ni un kilómetro sin que no le estén sugiriendo: «¿Por qué no toma el carril izquierdo, que no ve que va mucho más rápido? Ponga el aire. No tan alto. Cambie de estación de radio. No, mejor, ponga un compact. Si no va más de prisa, voy a llegar tardísimo… Hubiéramos tomado mejor Patriotismo», etc., etc. Respecto a este tipo de patronas, nos preguntamos qué puede pensar su chofer. Seguramente muchos de ellos tienen ganas de ahorcarlas, pero no se atreven por miedo a perder la chamba. No nos queremos imaginar lo que le comentan a su mujer cuando llegan a su casa. Tal vez le digan algo como: «Si supieras cómo la odio. Pero ni modo, me tengo que aguantar…»

Las que resultan también insoportables son aquellas que, no contentas con estacionar mal su coche en avenida Presidente Mazaryk, llegan con una amiga gritando a la Boutique Frattina de Polanco: «¿Qué les ha llegado de nuevo de Escada? ¿Ya se acabó la barata de la corsetería de la Perla?» Después de probarse veinte modelitos, que no le quedaron porque ya no tienen cintura y no han podido bajar *esos cinco kilitos de más,* generalmente acaban comprando uno de los conjuntos más caros y entonces le suplican a su amiga: «Oye, ¿no te importa si pagas con tu tarjeta, es que la mía sigue bloqueada? Te lo juro que te pago la próxima semana». Si van solas, le piden de favor a la empleada, que ya es su dizque amiga, *planchar* el *voucher* posfechado, es decir, que se pueda cobrar hasta después del día de corte de la tarjeta. Éstas son las que compran «cuete» y le dicen a su marido que les reembolse los tres kilos de filete que dieron en la cena. Son las tramposas, las que todas las mañanas roban mil pesos de la cartera de su esposo y las que le hablan veinte veces a su celular para ver qué está haciendo.

No menos intolerables son las que van con sus amigas a comer a restaurantes de moda y se quedan horas de sobremesa, hasta que se dan cuenta de que son cerca de las seis de la tarde. Más que conversar, a partir de una cierta hora y después de dos tequilitas, empiezan a criticar al marido: «Para mí que está en plena andropausia. ¿Qué creés? He doesn't want to make love any more... Tal vez funcionaría mejor si se tomara Viagra, ¿no creés? Lo que pasa es que me da pena sugerírselo. ¿Qué tal si le da un infarto? ¡Ay, no, qué horror...! Te diré que en el fondo ni me importa, hago tantas cosas en el día, que también mi libido anda por los suelos...» Curiosamente, estas mujeres son las que se la viven eternamente de dieta. Suben y bajan; bajan y suben de peso por semana. Cambian de dietista, hacen dietas naturistas, leen libros sobre dietas y hablan de dietas todo el santo día. Cuando van a los restaurantes, como que no quiere la cosa, siempre acaban por romper la dieta. Muy quedito le piden al mesero: una entrada, un plato fuerte, una ensalada y un postre. Pero si el señor les trae su naranjada con azúcar, entonces se ponen furiosas: «Le dije muy claramente que sin jarabe», le reclaman mirándolo derechito a los ojos. Su café, naturalmente, siempre, siempre lo piden sin azúcar. Cuando llegan a su casa, se desvisten en el baño y se meten a la cama, con un camisón de franela que les llega hasta los pies, éstos cubiertos con gruesos calcetines.

Casi siempre este tipo de señoras también son muy competitivas y lijeramente envidiosillas. De ahí que hablen pestes de sus amigas con otras mujeres. «¿Te has fijado el viejazo que ha dado últimamente?», «Me choca por sabionda, por soberbia y por ser doña Perfecta», «Pobre de su marido, yo no sé cómo la aguanta, te lo juro que es alucinante…», «Está desesperada porque no tiene pareja… Pero, ¿quién se le va a acercar a la pobre si cada día está más fea?»

Por último, hablaremos de una categoria de mujer, la cual nos tememos se ha propagado por todo el mundo. Esta mujer, controladora por naturaleza, es la que todas, todas, todas las noches se apropia del «control» de la televisión. Teme tanto que su marido o uno de sus hijos lo recupere, que no lo suelta ni cuando va al baño. Es ella la que decide qué programa, qué noticiario, qué entrevista y qué película deben de ver. «Es que la verdad, me conozco la programación de Sky y Direct TV de maravilla. Me sé de memoria los horarios y la programación. Si me quedo con el control, no es por mala onda, al contrario, es porque tengo un tino increíble, siempre doy con un súper programa», le comentan al marido con una voz entre autoritaria y dulzona. Por su parte, él prefiere ya ni discutir, ni contradecirla. ¿Para qué? Si todo es inútil. Entonces, el pobre se limita a ver todo lo que quiera su mujer. Si de casualidad le llega el «control» a sus manos, de inmediato se lo entrega y le dice con toda resignación: «Allí lo tienes. Es todo tuyo». En seguida respira hondo y profundo y agrega: «Todo, todo quieren las mujeres: nuestras quincenas, el poder, la silla presidencial y el control de la tele. Me deberías de comprar uno, aunque sea de juguete. Así por lo menos me haría la ilusión de tener uno para mí solito», al mismo tiempo que se da la espalda y se dispone a dormir con sus dos manos juntitas debajo de su mejilla.

A pesar de todo lo anterior, no puedo dejar de reconocer que las mujeres hemos logrado grandes cambios; cambios importantes respecto a nuestros derechos y nuestra autoestima. Sin embargo sigo pensando que *¡¡¡juntas, ni difuntas!!!*

k

UN PAÍS TOTALMENTE KAFKIANO

De todas las letras del abecedario, la que probablemente nos parezca más lejana es la duodécima, la K. Es cierto que su sonido es idéntico al de la C ante a, o, u; no obstante, en el argot mexicano posmoderno no existen muchos vocablos y mucho menos expresiones que se escriban con la K.

Incluso, en el diccionario de mexicanismos de Santamaría aparecen muy pocas palabras que empiecen con K; fuera de «kermesse», las otras no son de uso cotidiano (¿por qué no habrá incluido el nombre de Franz Kafka, uno de los escritores más mexicanos que existen?).

Por otro lado, verificamos también la obra de Jesús Flores y Escalante titulada *Morralla del caló mexicano* y allí encontramos una palabra que nos llamó la atención y, por lo tanto, nos pareció digna de nuestro abecedario: «kananga».

Éste es un aroma femenino muy popular que en los años veinte se puso mucho de moda en Veracruz; se podría decir que este perfume antecedió al famosísimo Siete Machos, el cual también servía para «limpias» y que estaba compuesto de siete flores de género masculino, de ahí su nombre.

Respecto al kananga, nos dice Flores y Escalante que en los últimos meses de 2003 volvió al mercado con un gran éxito.

Pero esta letra no nada más se nos dificulta en español, también resulta engorrosísima en otros idiomas.

Escuchemos por ejemplo lo que nos dice a propósito de la K el escritor francés Charles Dantzig, en un comunicado enviado a la Academia de Ciencias de Berlín: «El filósofo Leibniz afirmaba que los alemanes utilizaban la letra K porque la K es signo de poder: *Können* (poder)».

Esto, agrega Dantzig, debe de haber sido uno de los argumentos espirituales contra los alemanes durante la guerra.

En 1915, un escritor, Henry de Forge, había escrito a la Academia Francesa pidiéndole que se suprimiera la letra K del vocabulario francés por ser una letra alemana e inútil.

Según este escritor, se debería escribir *quiosco* en lugar de *kiosko,* que viene del turco. ¿Acaso pretendía que se escribiera también Nueva Yorq?

¿Qué sucedería si se realizara un referéndum para votar por o contra la letra K? Seguramente las jóvenes románticas y muy apasionadas votarían por ella, por aquello del Kama-Sutra…

Hay que decir que cada vez más es empleada por la juventud para mandar sus mensajes desde sus celulares o bien desde Internet. «¿Te kieres kasar konmigo?»

Pero volvamos a nuestro abecedario, precisamente, con ka; K de kiwi, de karma, de *killer,* de *kiss,* de la temidísima KGB, de KLM, una espléndida línea de aviación; de Kodak, de Kleenex y de los hermanos Karamazov. Y si de apellidos se trata, en este rubro sí que encontramos una infinidad de nombres, todos ellos famosísimos.

Empecemos por citar a los Kahlo, a la familia de nuestra pintora consentida, Frida Kahlo; enseguida, vendría el filósofo de la Ilustración Emmanuel Kant, el director de orquesta Herbert von Karajan, el cómico del cine mudo Buster Keaton, la actriz y princesa de Mónaco Grace Kelly, el presidente de Estados Unidos John F. Kennedy, el astrónomo Johannes Keppler, la bellísima Nicole Kidman, el inolvidable Gene Kelly, el luchador social Martin Luther King, el escritor de ficción Stephen King, el narrador Rudyard Kipling, el pintor Paul

Klee, el artista vienés Gustav Klimt, el director de cine Stanley Kubrick, el realizador japonés Akira Kurosawa, Milan Kundera, pero sin duda el más importante de todos estos personajes es Franz Kafka.

¿Cuántas veces se ha dicho que si Kafka hubiera nacido en México, habría sido un perfecto escritor costumbrista?

¿Cuántas veces hemos expresado, con respecto a una situación típicamente mexicana, que se trata de un asunto «totalmente kafkiano»?

¿Y en cuántas ocasiones nuestro presidente de la República ha incurrido, en estos seis años, en expresiones absolutamente kafkianas?: «En México, todo marcha muy bien; por eso tiene que haber continuación, para que, mañana, México siga igual».

He aquí otra declaración igualmente kafkiana dicha por uno de los políticos más kafkianos, Emilio Gamboa: «La minuta (de la Ley de Televisa) promueve un uso eficiente del espectro y aprovecha la digitalización[…]; los mexicanos tendremos mayor diversidad y competencia».

¿Han ustedes escuchado algo más kafkiano que lo anterior?

K Respecto de esta letra, he llegado a la conclusión de que el mundo se divide en dos: los que pronuncian Nueva York, con K; y los que dicen Nueva Yor, sin K.

Cuando advierto su omisión, empiezo a sentir una extraña comezón a lo largo de los brazos, llega hasta la nuca y empiezan a zumbarme los oídos: «K, k, k, k», repito una y otra vez.

Aunque tal vez les parezca excesivo, desde mi punto de vista tiene muchas implicaciones de diferente orden, pero desafortunadamente no he podido deducir bien a bien a qué se deba.

Me he fijado que los que más se ufanan de conocer Nueva York, «como la palma de mi mano», son precisamente los que dicen cosas como: «Pues a mí, Nueva Yor me encanta porque es de lo más cosmopolita. Además, tienes mejor cocina francesa en Nueva Yor que en París. Por eso me encanta Nueva Yor. Allá me siento ciudadana del mundo. Es que el de Nueva Yor me resulta más tolerable que el de otros países. Allá hay todo, todo, todo. Como les digo a mis hijos: "Miren, niños, el ombligo del mundo es Nueva Yor"».

KITSCH **A LA MEXICANA** En su obra *Escenas de pudor y liviandad,* Carlos Monsiváis se pregunta: «¿Cómo aplicar en México la óptica del *kitsch?*» Y así se responde: «En Europa, el *kitsch* ha sido un proceso de localización del enemigo histórico del gusto; en América Latina es un intento de culminación, la pretensión de éxtasis social e individual ante un símbolo del estatus, un cuadro, una figura de porcelana, unos versos en donde se "vierte el alma" del autor, y en donde el espectador se aferra a las reminiscencias de lo que jamás le ocurrió, y urde a la memoria benéfica».

A la primera dama, máxima expresión de lo «*kitsch* a la mexicana», le podría decir lo que escribió el autor en su obra: «Y no tengas miedo si te dicen cursi, la cursilería es Tu amparo y Tu fortaleza, el pronto auxilio contra la opresión que no comprendes. Conmuévete el día de las Madres y suspira en el día de las Novias y atiende las peripecias televisivas de la sirvienta que quiso ser buena y convéncete de que la risa es también el suspiro del alma».

También son *kitsch* programas como *Bailando por un sueño* o la telenovela *Rebelde.* Pero más *kitsch* resulta el público que ve este tipo de programas del Canal de las Estrellas.

1

LABERINTOS DEL IDIOMA

Vaya laberinto que tuve que recorrer para encontrar palabras que empezaran con L. Más que palabras, me di a la tarea, como todas las semanas, de buscar expresiones utilizadas por las y los mexicanos o bien situaciones que correspondieran a nuestra idiosincrasia. Pero, cuanto más las buscaba entre corredores infinitos y encrucijadas, menos las encontraba. Súbitamente y como por arte de magia apareció la sexta nota de la escala musical: la. Se veía muy contenta. De hecho empezó a cantar: «Lero, lero, candelero, no puedes encontrar tus palabras que empiecen con la L». Si quieres te ayudo, me dijo. Y claro que acepté. La siguiente lista que pongo a su consideración, ya que la encuentro un poco excéntrica, fue la que me dictó mi amiga la «da».

LADINO O LADINA Cuando alguien se refiere a una persona como muy ladina, quiere decir que es muy lista y sagaz. Cuando se emplea peyorativamente, alude a una persona necia o de mala fe. Pero en el sureste (Tabasco, Campeche y Chiapas) significa mestizo o blanco, que no desciende de padres indígenas y cuya lengua nativa es el español u otra no indígena, por contraposición al indio, que habla su lengua aborigen.

LAMBISCÓN O LAMBISCONA Cuando terminó la campaña electoral, surgieron ejércitos de lambiscones. Especialmente aquellos que querían estar en la lista de senadores y diputados. Llevaban meses lambisconeando al candidato, le decían que sí a todo, lo atendían y le juraban y perjuraban que él sería el triunfador. No hay nada más desagradable que sentirse abrumada por un lambiscón. Esta categoría de personas por lo general es muy obvia y, con el tiempo, se les pone la cara del oficio, es decir, de lambiscones.

LANZADA Por lo general, este adjetivo se emplea más para referirse a las mujeres. ¿Será porque las mujeres somos mucho más lanzadas que los hombres? Creo que sí. Claro que hay de lanzadas a lanzadas, todo depende de cómo se emplee el vocablo. Últimamente he observado, en especial entre aquellas que llevan años de divorciadas y buscan una pareja, que están cada día más lanzadas respecto a los hombres. Salen con él una vez y ya quieren lanzarse a sus brazos. Y ellos, claro, se asustan muchísimo, no saben qué decir ni cómo quitárselas de encima. Es cierto que hay que ser medio lanzadas, porque de lo contrario no se logra nada en la vida, pero no tanto.

LELA O LELO Estar o sentirse como «lelo» es como si se estuviera pasmado. Según mi informante, lela es el nombre que en Tabasco se le da a una hormiguita. Aunque inofensiva, después de ser picada por esta hormiga, se queda una como lela, como mensa. Ay, no estés como lela, se dice también por decir no estés tan simple o tan boba. Cuando una está muy enamorada, está como lela.

LEONERA Dice la «da» que ya no se dice tener una «leonera», sino un *loft*, es decir, un depto… que viene siendo como una casa chica. Estas casas siempre son clandestinas, destinadas a «jolgorios o bacanales con mujeres alegres»; o como también dice el diccionario de mexicanismos: «casa puesta por su propietario para uso exclusivo de él y de sus amigos y exclusivamente también para toda clase de orgías y desórdenes; algo así como una mancebía de carácter particu-

112

lar». La verdad es que mi informante asegura que dada la situación económica hoy hay menos leoneras. Además, las señoras o señoritas ya no necesitan esconderse en una leonera. Por lo general, ya reciben a su amigo, admirador o conocido en su casa, afirma la conocedora. Una leonera también es el lugar en que se tienen encerrados los leones.

LÉPERO Respecto a este vocablo, Jesús Flores y Escalante, en *Morralla del caló mexicano*, dice: «Persona que dice leperadas. El lépero, durante los últimos años del virreinato y hasta los primeros de la Revolución de 1910, fue un personaje vital del bajo pueblo. Los léperos de la primera época se caracterizaban por su manera de ataviarse, echándose encima una sábana o una cobija sucia por todo abrigo. Los léperos correspondientes a la época prerrevolucionaria ya vestían calzón y camisa de manta, en igual precariedad que los primeros. Los léperos fueron y siguen siendo los marginados».

LIBRARLA Las y los mexicanos nos pasamos la vida librándola, es decir, superando crisis económicas y políticas. Por ello, hay que decir que nos hemos vuelto unos expertos en librarla como podamos. Y un ejemplo que mostraría muy bien lo que queremos decir sería que Andrés Manuel López Obrador, candidato a la presidencia por la Alianza por el bien de todos, se pasa librando a todos sus adversarios. En este caso, él es el campeón.

LIBRO VAQUERO A las y los mexicanos nos tachan de analfabetos funcionales, que no somos capaces de leer ni siquiera un libro completo al año. No estoy segura de esa apreciación, porque lo que se dice libro, los mexicanos tenemos una larga tradición del *Libro vaquero,* un pastiche digamos entre kamasutra de bolsillo y *Playboy* popular. Este singular librillo de alta demanda es un objeto de culto, por lo *kitsch* y lo provocador con la palabra… en el metro, en la calle, en casa de muchos mexicanos el *Libro vaquero* constityó el primer contacto con el libro, la lectura y el deseo sexual. Entre globitos e ilustraciones de voluptuosas musas del placer el albur, el doble lenguaje toma forma de evocador erótico sádico.

El libro vaquero recrea el género del *western* al puro estilo caminante del mexicano, de ahí que no sea extraño pensar que 400 mil ejemplares circulan semanalmente en todo México. Este pornocómic ha mantenido durante más de veinte años a unos mexicanos recreando el deseo y la pasión en páginas de papel económico y globitos sugerentes.

Es el *Libro vaquero* el patrimonio nacional de la educación sentimental, la ilusión machista y el deseo recreado en los límites de la historieta. Ya lo demás es puro sueño mexicano.

LIGAR He allí un verbo que empecé a conjugar en todos los tiempos y «con mexicana alegría» (con muchísimo entusiasmo) a partir de los 14 años. Nada me gustaba más que sentirme ligada, que me ligaran y ligar. Ahora, los y las jóvenes ya no la emplean, y no se debe a que ya no se ligue, pero seguramente ya lo harán de otra manera. Tengo entendido que en España se utiliza mucho esta expresión, lo cual no me sorprende. Ah, cómo les gusta ligar a los y las españolas. El verbo ligar significa conquistar, seducir, coquetear. Ejemplos:

Estoy dispuesto a cualquier cosa con tal de ligarme a esa chava. Pero me tira de a lucas. La verdad es que he de estar lurias en insistir tanto. Pero, ¿cómo le haré para ligármela? ¿Y si la llevo a la leonera de mi primo? Con eso, estoy seguro de librarla. Es que me trae lelo.

Es bien conocido que hay momentos y lugares perfectos para el ligue, entre ellos las playas, los barcs de los Sanborn's, durante una tarde en que se pasea al perro, en la cola del cine y en todos los antros habidos y por haber. Hace muchos años, cuando era una adolescente superniña-bien, era un *must* ligar en el Bazar del Sábado, a la salida de misa de 1:30 de la Votiva, en el «Polo», en las tardeadas del Jockey Club y en el Club Vanguardias.

LUCAS Y LURIAS Respecto de esta expresión tan coloquial, muchas veces me he dicho que para haberme lanzado a imaginar un diccionario de las y los mexicanos, es porque o soy realmente una enamorada de las palabras, o bien, porque estoy bien lucas o bien lurias, es decir, medio loca. Existe, igualmente, una expresión muy mexicana, la cual contiene una gran filosofía. Si la practicáramos más seguido, estaríamos menos lurias que de costumbre; por tal razón, habría que llevarla siempre en la bolsa y utilizarla a la menor provocación: «Tirar a lucas», es decir, no hacer caso a una persona o situación desagradable.

LUNES MEXICANO Este día de la semana también es conocido como San Lunes, es decir, día de asueto, de descanso o en el que se falta al trabajo, sin que el patrón o patrona se exaspere mucho; con resignación dirá: «Claro, no vino porque es San Lunes».

m

Con M de mordida

M. Eme de María, la madre de Jesús; eme de María Magdalena, la mujer a la que Cristo liberó de siete demonios; eme de mamá, de mujer, de maravilla, de muchachos, de Malinche, de Martita, de melodrama y, finalmente, eme de México. «¡Mé-xi-co, Mé-xi-co!», gritaban los migrantes en las manifestaciones y marchas en Estados Unidos. Vaya letra que es inicio de tantas palabras que nos conciernen y que de alguna manera consolidan nuestra mexicanidad.

MACHO, MACHÍN Los que se creen muy hombres, muy valientes, muy entrones, muy fregones y chingones. Desafortunadamente, esta expresión se la siguen aplicando muchos hombres que en el fondo son golpeadores, cobardes y muchas veces homosexuales reprimidos.

MADRAZO Igual a Roberto, candidato a la presidencia por el PRI. También significa «golpe». De allí que uno de los eslogans del candidato en campañas anteriores rezaba: «¡Dale un Madrazo al "dedazo"! (hace unos años era el dedo del poderoso el que designaba al sucesor)».

¡MADRE! Expresión utilizada en nuestro país a la menor provocación. Dice Jesús Flores y Escalante que para el mexicano «madre» es la figura fundamental en todos los aspectos, lo que configura cierta actitud matriarcal. Vayamos en seguida a varias expresiones que giran alrededor de este vocablo: «¡Vale madre!», igual a que no vale nada; «¡Está a toda madre!», lo cual quiere decir que está muy bien. Ejemplo: «Para algunos, las vacaciones estuvieron a toda madre». Pero por lo que se refiere a la campaña del PAN, le «dieron en la madre» a Calderón por la guerra sucia que iniciaron sus spots. La verdad es que «qué poca… madre», porque esta actitud no hace más que polarizar aún más las opiniones. Sinceramente eso no está de «poca madre». Por otro lado, «me cae de madre» que si siguen con esta dinámica, le pueden «dar en la madre» a la democracia mexicana, porque en ese «madral» de agresiones pueden originar un «desmadre». Y entonces sí que todos terminaremos «madreados».

MADRUGAR, MADRUGUETE Hace unos meses le dieron «madruguete» a la Cámara de Diputados con la Ley Televisa, es decir, no les dieron tiempo a los diputados para que se enteraran de lo que estaban firmando. Algunos de ellos admitieron después que fueron «madrugados», como el perredista Pablo Gómez, a quien con toda humildad no le quedó más que ofrecer disculpas.

MAFIA, MAFIOSO En México la mafia está metida en todos lados; ya no pensamos más que en redes mafiosas. Para dominar a una sociedad, la economía criminal fija las condiciones de desarrollo. Si antiguamente la mafia surtía efecto en Rusia, en Roma, hoy día está en la calle, en el vecindario, en el poder.

Entre las historias más interesantes alrededor de la Mafia, está la novela de Mario Puzo, *El padrino,* que Coppola llevó a la pantalla con la memorable actuación de Marlon Brando, quien da vida a Vito Corleone, un jovencito de 12 años que llega de Sicilia a Nueva York para convertirse en el «Don» más respetado, implacable con sus rivales. Corleone es un hombre inteligente, astuto y fiel a los principios del honor y la amistad. Su vida, negocios y familia conforman el eje de esta novela, una obra que convirtió a la Mafia en tema central de centenares de narraciones y películas.

MALINCHISTA Quien prefiere lo extranjero sobre lo nacional. Las y los mexicanos somos muy malinchistas, nos encanta hacer nuestro *shopping* del otro lado; nos mortifican doblemente las críticas de la prensa extranjera, sólo por ser extranjera. Preferimos hasta lo hecho en países menos desarrollados que el nuestro, como: *Made in Filipinas*. Muchas veces preferimos las insípidas hamburguesas de McDonald's que unas buenas enchiladas de mole.

MAMÓN, MAMILA, MAMUCAS Expresiones que se utilizan al hablar de una persona ridícula, pretenciosa, supuestamente sabihonda y fatua. Hay que decir que existen varias categorías de «mamones». Algunos lo son tanto que merecen ser llamados hiperlácteos. Por lo general, éstos suponen que todo lo saben, que todos los admiran, que el resto de la humanidad no está a su altura y piensan que son bien parecidos, interesantes, *bon vivants,* ocurrentes, eruditos, todólogos e impecables políglotas. Por ejemplo:

> El otro día, durante mi estancia en Columbia University, leí un artículo en *International Journal of Suckers* («mamón» y tonto en inglés) que argumentaba sobre mi importancia en el panorama político de México.

MANDILÓN Expresión que en un hombre denota falta de mando. Esta palabra pasó a la historia por partida doble gracias a Vicente Fox. Primero, al llamar con este apelativo a su contrincante Francisco Labastida y, en segundo lugar, por convertirse en «mandilón» frente a su mujer.

MANO, MANITO, MANIS Expresiones utilizadas hasta la saciedad, principalmente en la Ciudad de México; lo que las hace vocablos típicamente «chilangos». Se aplican a familiares consanguíneos, amigos o conocidos. Actualmente, se han sustituido por «güey».

MARICÓN Expresión denigrante, machista y peyorativa que utilizan algunos para referirse a quienes suponen que no son tan hombres como ellos. Por ejemplo, si éstos ven a una persona más joven, más inteligente, mejor parecida o más alta que ellos, expresarán algo como: «¿Ya viste al maricón ese?»

MERCADO Las y los mexicanos heredamos una gastronómica tradición de los aztecas: la plaza pública, el tianguis. Con la modernidad se volvieron mercados, espacios donde se reúne el mestizaje cultural y alimenticio. Un mercado va acompañado del marchante, de la clientela y el pilón.

La vendedora de frutas, la de las flores y las verduras, el área de la carne y los mariscos, la cremería y el local de especias, es ahí donde se encuentran los grandes secretos culinarios del sazón y la cocina mexicana. El local de los postres y la comida corrida son parte del sabor de un mercado.

El ritual de compras en el mercado se inaugura con la lista del mandado, con la selección de los productos, la prueba y el regateo. Nada es más festivo que un mercado con sus piñatas de todas las formas y figuras posibles colgadas en lo más alto de los pasillos, su virgencita al fondo y la zona de juguetes entre tradicionales y tecnificados. El mercado es el templo gastronómico de las y los mexicanos. En el libro *Grandeza mexicana,* Salvador Novo escribe: «Un mercado retrata el estómago nacional, de lo que se alimenta el mexicano, lo que lo nutre y lo que le da la diversidad y el sabor».

MOCHO, MOCHILA Se les llama así a los mojigatos, a los exageradamente religiosos, a los fundamentalistas católicos y a los que todo el día se están dando de golpes en el pecho, aunque ellos no lo admitan.

Es bien sabido que la mayoría de los panistas son «mochilas»; no pueden evitarlo, es más fuerte que ellos. ¿Qué guardarán en su mochila personal?

¡MOCOS! Dice Jesús Flores y Escalante, en *Morralla del caló mexicano*, que es una interjección onomatopéyica que significa golpe o acción violenta. Se utiliza en situaciones de sorpresa generalmente desagradables. Ejemplo:

> Iba el licenciado caminando por Madero para comprar un regalo a su movida y ¡mocos!, que se topa con su esposa.

MORDIDA Para nuestra desgracia, en México «la mordida» es institucional, es tal vez el recurso más democrático que existe en nuestro país; todo el mundo la ofrece y todo el mundo la acepta, con sus muy honrosas excepciones. En Francia se le dice *pot de vin* y en Estados Unidos *bribe;* el caso es que es ubicua y generalizada. Según el sapo es la pedrada: de millones para los poderosos y de unos cuantos pesos para los miserables. Claro, nos estamos refiriendo a la corrupción.

MOVIDA Se refiere a una acción «chueca», pero sobre todo solía referirse, principalmente en la época alemanista, a la amante, a la otra o al segundo frente. «¿Ya viste al licenciado con su nueva movida? Qué poca… madre, porque tiene una esposa muy abnegada. Éste siempre tiene unas movidas de poca… ¿Quién sabe cómo le hace? Siempre pensé que era maricón, pero resultó más machín de lo que pensaba. A ver si no se lo madrean algún día».

MULA Resultado de la cruza entre una yegua y un burro. Los ejemplares más corrientes poseen las características menos deseables de las dos especies, es decir, son temerarios y obcecados. En México, se le dice «mula» a la persona que posee estos defectos, y una mulada es un acto de mala fe. Por ejemplo: «Fue una mulada lo que le hicieron a Elena Poniatowska al ponerla en el *spot* de los panistas para atacar a López Obrador». Es evidente que a los autores de las muladas se les llama mulas. En el caso de la escritora, se podría decir que fueron bien mulas o muy músicas.

n

El horror del ninguneo

Ene de «¿Nooooo viste el debate?» Ene de «nomás», y de «nada o nadita», que es lo mismo, pero dicho de una forma más amable. Ene de las naranjas dulces que le encanta comer al nene neoleonés. Ene de niño-bien o nada más de «niño», a secas, como les decían antes las sirvientas a su patrón después de haber sido su nana por muchos años.

Ene de nopal, el nombre genérico de las cactáceas que producen la tuna, la misma que me he de comer un día, aunque me espine la mano. Ene de la «noqueada» entre Kahwagi y Cibernético, quedando ambos totalmente noqueados y «norteados», viendo puras nubecitas por todos lados, tal y como salieron en el Noticiero, cuya noticia, para vergüenza de todos, ha de haber llegado hasta Norteamérica.

Ene de número, de novia y de noche. Ene del «Negro» Durazo, el director de policía más corrupto del mundo. Y, por último, ene de ¡Nico!, diminutivo de Nicanor, a veces, también de Nicolás. ¿Con cuál de los dos nombres se ha de llamar al ángel de la guarda de AMLO?

Como estamos seguros de que ustedes ya saben que la letra N es la decimoquinta del alfabeto español y que su sonido es alveolar nasal sonoro, y que se articula con el ápice de la lengua aplicado a los alveolos superiores, mientras los bordes hacen contacto con la encía y molares superiores, nos disponemos a poner a su consideración un pequeño listado de palabras que empiezan precisamente con esta letra y que pensamos que son las más utilizadas por las y los mexicanos de este siglo que empieza.

Claro, en esta lista no podía faltar...

NACO ¿Qué significa realmente ser naco? ¿Será lo mismo que ser pelado o pelada? ¿Cuál sería la definición perfecta de este vocablo con tantas connotaciones que ahora se utiliza, desdeñosamente, para describir todo aquello con lo que no estamos de acuerdo?

¿Será México un país de nacos? No necesariamente, puesto que también existen supernacos franceses, ingleses, españoles, alemanes, escandinavos, serbios y hasta afganos.

Según Carlos Monsiváis, el término empezó a escucharse en los años cincuenta. Dado el fondo de discriminación que contiene la expresión, al naco se le atribuyen rasgos de «vulgaridad ofensiva, agresividad que una cuba o un tequila conducen rápidamente al límite, mal gusto que la vestimenta cara no redime, bigote aguamielero y dicción permeada por el tono cantadito del arrabal». Igualmente, agrega el cronista que cualquiera resulta un naco si la idea de Primer Mundo como que no le funciona.

No hay nada que hacer, el naco es la sujeción eterna al México impresentable.

¿Qué habrán dicho las señoras panistas muy decentes respecto de las fotografías de las diputadas perredistas que se publicaron en la revista *H* para hombres?

Seguramente, muchas de ellas exclamaron escandalizadas algo como: «Ay, pues serán muy legisladoras, pero en el fondo tienen alma de nacas. ¡Qué horror! Para ese tipo de exhibicionismo jamás se prestarían las diputadas del PAN».

NACOLANDIA Para ellas, es decir, para estas panistas y para muchas señoras igualmente conservadoras, en realidad México es «Nacolandia», porque aquí viven los nacos, por ejemplo aquellos que están a favor del «Naco Mayor», que es López Obrador.

¡Qué desafortunada expresión para referirse a su país! Suponemos que estas personas, en el fondo, también tienen «alma de nacas», pero con otro tipo de matices.

NAIS O NICE Dice el especialista Jesús Flores Escalante que para los no nacos es cosa hermosa, fuera de lo común. «Los niños "nais" tienen su forma de hablar muy especial, y regularmente estudian en universidades de prestigio, siendo hijos de industriales, políticos o cuando menos burgueses acomodaticios».

NANA Hemos de decir, no sin nostalgia, que ya casi no hay nanas mexicanas. ¿Por qué? Porque muchas de ellas se han visto obligadas a irse a trabajar a Estados Unidos.

Las que ya llevan muchos años laborando «del otro lado» y que se han instalado, por ejemplo, en California, llegan a la casa de su patrona en coche, enfundadas en sus bermudas, con tenis y con anteojos negros.

Estas maravillosas nanas son las que cobran más de 50 dólares por jornada.

Sin embargo, todavía en muchos hogares mexicanos, sin las nanas no puede existir armonía familiar.

Hay nanas célebres, por ejemplo la de Andrés Henestrosa, la del poeta Jaime Torres Bodet, la de Rosario Castellanos y todas las que tuvo Elena Poniatowska.

NEGROIDE Cuando era niña, recuerdo que muchas tías, al referirse a personas que tenían el pelo muy rizado o que lucían facciones muy toscas, decían cosas como: «Este muchacho seguro que tiene ascen-

125

dencia "negroide". Con esos labios como bistec y esa nariz tan ancha, no puede negar sus orígenes "negroides"».

NENE Y NENA Dicen los jóvenes matrimonios (¿nacos?) al referirse a sus pequeños hijos. Por ejemplo: «La nena cumple 5 añitos mañana y el nene ya tiene 7».

NETA La «neta» quiere decir la última verdad, quiere decir que no hay engaño, ni falsedad. Quiere decir que hay que encararse a una realidad innegable.

Por ejemplo, ojalá que un buen amigo le diga a Madrazo: «¿Quieres saber la neta?, estuviste fatal en el debate. Sin embargo, "la neta del planeta" sin duda fue Patricia Mercado. Perdóname por decirte mi neta».

Muchos diputados varones, en el fondo, piensan que sus correligionarias del PRD que se dejaron retratar para la revista *H* son la neta, es decir, son auténticas y muy valientes.

Claro que sus esposas piensan todo lo contrario; para ellas, estas legisladoras deberían recibir unas buenas «nalgadas» (palmada dada en la región glútea) por estar enseñando las nalgas.

De este último vocablo, en singular, nos comenta el autor de *Moralla del caló mexicano:* «Existen dos formas o sentidos: uno, el que se siente muy "nalga" o muy "chingón" (véase la letra CH), y el otro que afirma que una persona deleznable es bien nalga».

NI MODO Expresión nada más utilizada en México. Implica que no hay remedio para las cosas, que así es. Ya ni para qué discutir el punto. Denota resignación, fatalismo y una aceptación de lo inevitable. Ejemplos:

«Ni modo, los candidatos a la presidencia que teníamos eran los que nos tocaron. Ésos eran… Ni modo.» «México es un país sumamente atrasado en lo que se refiere a la economía. Ni modo.» «Yo, cuando me dijeron que Fox ya se había casado con Martita, pues me dije: ¡Ni modo!, ¿qué se le va a hacer?» «Ya me bloquearon todas mis tarjetas de crédito, ni modo… Ahora tendré que empezar a ahorrar.»

Seguramente desde el día del debate y una vez que se dieron a conocer las encuestas con los resultados, Rosario Green no ha de dejar de exclamar con un dejo de amargura: «Ni modo… ¡*Next!*»

NINGUNEAR No hay peor cosa en la vida que sentirse «ninguneado», es decir, excluido, no tomado en cuenta, marginado e ignorado.

Es como cuando no lo saludan a uno o no se acuerdan de nuestro nombre.

Es como cuando llegamos a una fiesta y la anfitriona no nos presenta.

Es como cuando se expresa, en una reunión social, una opinión y nadie hace eco de ella.

Es como cuando lo interrumpen a uno cuando está en un acalorado monólogo.

Es como cuando el mesero se olvida de pasarnos el platón en una cena muy elegante.

Y, por último, es como cuando uno le ha llamado varias veces al candidato, amigo de infancia, y éste nunca contesta.

Se siente tan feo ser «ninguneado», que son muy pocos los que aceptan haber sido «ninguneados».

«Dime cuántas veces te han ninguneado y te diré quién eres».

NUEVAS NIÑAS MEXICANAS En este alfabeto tan posmoderno, no podemos dejar de incluir una nueva raza de nuestro país. Nos referimos a un pequeñísimo sector de la sociedad mexicana que creíamos estaba en extinción. Pero, *hélas,* no es así. Las habitantes de este «mundo raro» siguen tan vivas y tan campantes. ¿Qué les ha pasado a las famosísimas *niñas bien,* después de veinte años, que solían vivir en un mundo color de rosa en el que esperaban al príncipe azul? ¿Qué cambio de mentalidad han sufrido en un México totalmente distinto del que habitaban sus madres? ¿Cuáles son ahora sus valores y sus nuevas costumbres? ¿Siguen pensando que su país debería ser una estrella más de la bandera norteamericana? ¿Continúan dividiendo su mundo entre blancos y «prietos», como llaman a sus compatriotas un poquito más morenos que ellas? Si nos atrevimos incluir a *las niñas bien* en este alfabeto es porque su habla nos resulta sumamente *sui generis,* es decir, que ésta se caracteriza por sus expresiones, sus vocablos y sus eternos anglicismos que insisten en utilizar para, según ellas, consolidar aún más su imagen de «cultura». Es también una forma de no sentirse parte de la «chusma», la cual sin duda no habla inglés, ni mucho menos francés. Hemos de decir, por otro lado, que a *las niñas bien norteamericanas,* ni a las francesas, jamás se les ocurriría emplear este tipo de expresiones. Sin duda son un invento de las *nuevas niñas mexicanas;* aunque esta «invención», no deja de ser digna de estudio.

Ponemos, pues, a su consideración las distintas categorías que corresponden al nuevo siglo, al nuevo milenio, a las nuevas generaciones y a las *nuevas niñas bien.* Ellas, aunque parezcan pertenecer a la primera generación de norteamericanas, nacidas en México, también forman parte de este país tan contrastante, tan plural y tan complejo.

Niñas bien, desoficiadas. Todas estudiaron una carrera. Son muy creativas, pero esta creatividad no está canalizada de una manera productiva. Son muy buenas amigas. Siempre van a ir al gimnasio, pero nunca llegan porque en el camino de pronto se acuerdan de que necesitan pasar al Palacio de Hierro a comprarse algo que necesitan ur-gen-te-mente. Es obvio que ellas sí son *Totalmente Palacio,* y que nunca de los nuncas pondrían un pie en un almacén como Suburbia. Tienen grandes planes y varias opciones de trabajos, pero tampoco nunca llegan a consolidarlos. Por lo general son dueñas de una energía formidable, la cual utilizan para divertirse y divertirse y divertirse. Siempre buscan cómo hacerlo (caiga quien caiga). Por otro lado, y por contradictorio que parezca, están cansadas de su condición de desoficiadas, pero no hacen mucho para cambiar su situación. Es justo decir que no están esperando casarse para empezar a vivir, pero se mueren de ganas de encontrar a alguien que las quiera. Las más liberadas están constantemente buscando qué pueden hacer en el extranjero, ya sea estudiar, trabajar o solamente pasar el rato. Las que ya lo están haciendo nada más tienen amigos extranjeros, evitando siempre encontrarse con mexicanos. El paso del tiempo no tiene relevancia alguna, ya sean los minutos, las horas o los meses. Las que se pasan el tiempo viajando rara vez se quedan en hoteles, ya que donde vayan siempre conocen a gente que las invita a su casa. Sus temas de conversación consisten en contar lo que se divirtieron o de lo que se van a divertir (sin importar si fue hace una semana o un año).

Lugares que frecuentan: Kashymir (DF), Cluv (con v chica) del Norte (DF), Om (DF), Café O (DF), Baby (Acapulco), Les Caves du Roi (Saint-Tropez), VIP (París), Olivia (Marbella), Bungalow 8 (Nueva York), Cabaret (París), Joseph (LA).

Aunque vayan una vez al año a estos lugares, siempre son bien recibidas y tienen mesa. ¿Por qué? Porque las reconocen, y los responsables del local saben de quiénes son hijas…

A la hora de pagar las cuentas, pagan todas al parejo.

Forma de vestir: La bolsa, los zapatos y el reloj son *very important* y siempre de marca; fuera de eso, cada quien tiene su manera de vestirse.

Marcas que usan: Dior, Vuitton, Fendi, Cartier, Pucci y Gucci (circa Tom Ford).

Siempre están invitadas a todas las fiestas, aunque no necesariamente van.

Las que estudiaron en el extranjero hablan mínimo tres idiomas.

Viven esperando que sea jueves para poder empezar a reventar y de lunes a miércoles se preparan para el «fin».

Son malhabladas, pero en público se saben medir.

Llevan tanto tiempo esperando al *niño,* es decir, a la pareja indicada, que muchas de ellas ya no saben si de verdad quieren casarse con uno de su clase, o si de plano terminarán haciendo una enorme concesión y aceptarán salir con ese compañero de trabajo que ni es *niño bien,* ni sus papás conocen a sus papás, ni se viste bien, pero que por lo menos les habla bonito.

Niñas bien, fashion.

They take coolness for granted, they already are.

Quieren que quede bien claro: ellas sí son diferentes a las demás niñas bien.

Trabajan en agencias de publicidad, relaciones públicas, mercadotecnia, son fotógrafas, modelos o en cualquier otra cosa relacionada con la moda.

Debido a que su trabajo no tiene horarios fijos, nunca tienen tiempo para descansar.

Sus amigos son argentinos, venezolanos, colombianos o de cualquier otro país. Pero prefieren a los españoles… Muchos de ellos han venido a trabajar a México para trabajar como modelos.

Son abiertas a las *designer drugs* (ácidos, tachas) y a la marihuana.

En las fiestas toman tachas, pero en las fiestas en *tout petit comite* se van más por la marihuana.

En caso de que tomen, beben martinis o cualquier otra marca en la que por cierto trabajan como publirrelacionistas.

Son flacas, pero con MUY buen cuerpo; no se ven necesariamente anoréxicas.

Salen en las revistas *Caras, Ocean Drive* y *Quién* y en la sección mexicana del *Hola;* siempre y cuando sea en *the right fashion spread,* es decir, inauguraciones de tiendas en Masaryk y Altavista, antros *fashion, fashion week* México y cualquier otro evento relacionado con la moda.

Sus mejores amigos son *gays*. (Cuando pasó la Ley de Sociedades de Convivencia en el Distrito Federal, les hicieron una fiesta sorpresa…)

Viven en unos *lofts* maravillosos, ya sea en la Condesa o en La Roma. Las que no, se la viven en estas colonias.

Hangouts: Rioma, Dorsia, Cafeína, Asia de Cuba, Cinabar, La Gloria, Celtics, Hotel Habita; pero de preferencia fiestas.

Ropa: *vintage*, creaciones propias o de sus amigos, siempre de buena calidad pero por lo general no de marca, y respecto a los zapatos, entre mas tacón mejor, no importa cuánto midas, siempre puedes medir más.

Dominan a todos los DJs.

Se tardan mucho en arreglarse, pero hacen todo lo posible para que se vea natural, como si se acabaran de levantar. ¡Y lo logran!

Aunque estén en fachas, siempre se ven arregladas.

Cuando hablan en español, mezclan palabras que usan en Argentina, Venezuela, etc.

Aman su reventón y es parte de su vida laboral.

Lugares para viajar: Miami, LA, Brasil, Nueva York, Argentina, Playa del Carmen y Puerto Escondido.

Sus novios son por lo general fotógrafos, artistas, modelos, diseñadores o alguien del medio.

Estudian en el Degli Habiti (México), Diseño (Italia), Foto (Italia o la Activa), Comunicación en la Ibero o cualquier cosa en Londres.

¿¿¿¿Casarse???? Para ellas, está ¡LEJOS! de ser una prioridad.

¡¡¡Obviamente no son vírgenes!!! «Ay, no qué raro. Yo no sé cómo mi mamá pudo llegar virgen al matrimonio. ¡Qué trauma! Pobre de mi papi… Por eso es como es… ¡¡¡súper traumada!!!»

Para vivir con su novio, solamente les falta dividir la renta.

Pertenece a un grupo muy cerrado y de afuera parecen superficiales y frías, pero ya que las conoces más a fondo resultan ser muy buenas chicas.

Ven Fashion TV y E! Entertainment Television.

Niñas bien, bien:

Por lo general, son anoréxicas, bulímicas o cualquier otra enfermedad de moda.

Pretenden ser fresas, castas e inocentes, pero ciertamente ya no lo son.

Escuelas donde estudian: Del Bosque, Irlandés, Regina, Sagrado Corazón, Anáhuac e Ibero.

Su meta en la vida es ser esposa de cualquier niño con mucha lana, de familia bien que las pueda seguir manteniendo con el mismo estilo de vida que siempre han tenido desde que vinieron al mundo.

Aunque tienen su credencial de elector, no tienen identidad propia. Todavía no saben quiénes son.

Se visten con marcas: Zara, Mango, Vershka, bebe, Miss Sixty, 7 Jeans, Juicy, Puma, Nike, BCBG y algún accesorio Vuitton o Gucci.

Es más importante la cantidad que la calidad de la ropa.

La comodidad en la ropa del antro es *non existent*.

A la universidad van en pants, pero llevan una «producción» de tres horas (maquillaje, peinado, uñas), para que se vean muy naturales.

Ya se quieren casar, aunque algunas no lo acepten.

El hecho de terminar *pukeing* (vomitando) en el antro es cosa de cada fin de semana.

Siempre platican de quién estaba con quién; quién terminó con quién y *la peda* que se pusieron.

Son las peores amigas entre sí, ya que compiten por un grupo muy escaso de niños muy ricos.

Se la viven «bajándose», es decir, quitándole los novios hasta de sus mejores amigas.

Por lo general, si para los veinticuatro años no tienen novio, deben empezar a buscar entrar a otros grupos, pues en el suyo ya no caben o están demasiado vistas.

Ven telenovelas de las que pasan por la tarde en el Canal de las Estrellas, pero no se lo confiesan a NADIE.

Sus galanes son más grandes y de preferencia con MUCHA «lana», no importa si éste es invertido en el extranjero.

Creen que son omnipotentes y dueñas de los antros, pero no la mueven en ninguno pues no les gusta gastar ni un peso.

Tienen mucho pegue hasta los veinticuatro años. Pero si para entonces no tienen novio y ya nadie *las pela,* nadie les hace caso, ya no tienen el mismo éxito con los niños que el que solían tener. ¿Por qué? Porque según sus amigos en realidad son unas *mamonas* (ver el vocablo «mamón»).

Son consideradas las nueras perfectas; pero lo que no sabe la suegra *bien* es que en el fondo tienen muchísimos traumas.

Las casadas se la viven arrepentidas de todo lo que dejaron de hacer o vivir por pretender ser muy distintas a su mamá, abuelita y tatarabuela.

Entre ellas dicen groserías, pero NUNCA en público.

En sociedad son sencillamente ¡¡¡perfectas!!!

Estudiaron un año de secundaria en Estados Unidos, en el cual según ellas odiaban a los gringos.

En las tardes van al *gym,* a *Peaches* (Plaza Duraznos), Loreto o Starbucks.

Al terminar prepa se van seis meses a París, Florencia o Barcelona, donde todas desatan su furia sexual con quien se deje, se meten todo y *se chupan* y beben todo. Curiosamente en Europa son muy reventadas. Diario se duermen hasta el amanecer, situación que hace que se despierten hasta las cuatro de la tarde. Al otro día repiten el itinerario arriba descrito. Porque obviamente «lo que se hace en Europa se queda en Europa».

Cuando regresan a Mexico inventan que aprendieron muchísimo y que no estuvieron con ningun niño. Eso sí, le juran y le perjuran a sus novios que los extrañaron con todo su corazón…

Una vez instaladas en México, se la viven extrañando Europa, porque según ellas aquí regresan a la misma falsedad de valores y a la misma vida súper monotona.

Hablan dos idiomas, pero dicen que hablan tres.

Antros: Mantra, Indoó, Cluv (Norte o Sur), Bandasha, pero dicen que sólo van al OM porque es para mayores de veinticinco; en Acapulco van al Alebrije, a menos de que vayan con uno de sus galanes, que es cuando van al Baby. Cuando están en el Alebrije, dicen que siempre están en el VIP, aunque están en la otra parte, y si están en el VIP sólo están buscando quién las lleve al Baby. No, nunca saben dónde están, porque en el fondo su problema es la no-existencia.

Las que ya no son vírgenes les siguen llorando a todos que «Yo no soy así, te lo juro, que es mi primera vez».

Cuando ya están casadas, sus actividades son ir al *gym* a hacer *spinning,* pilates o la máquina de *step,* tomar cafés con sus amigas, ya sea en el siempre fiel Starbucks o en sus casas, y dedicarse a hacer todo para sus esposos.

Niñas bien, new poor:
    Han viajado y vivido por todo el mundo.
    Han hecho lo que se les ha dado la gana.
    Han tenido acceso a todo.
    A raíz de las crisis o de un divorcio ya no tienen el dinero que tenían antes, pero en el fondo las tiene sin cuidado, porque siguen viviendo igual, aunque sea llenas de deudas.
    Son educadas, cultas y han estudiado carreras no muy prácticas, como Historia del Arte.

Por lo general son las mas centradas, ya que han estado de los dos lados, es decir en los dos mundos; el de los privilegios y el de la falta de dinero...

Hablan varios idiomas.

Como ya no tienen tanto dinero, en vez de comprar cinco *t-shirts* Dior ahora, compran una Dior y la siempre la lavan con Vel Rosita.

Prefieren ir a fiestas a salir a bailar o a un bar.

Tal vez no te enteres que son *new poor* porque siempre se las arreglan para pagar su parte; más si las conoces de antes, notas la diferencia.

Siempre tienen una excusa para ocultar que no tienen dinero para salir con el grupo.

Desde enero quieren saber cuál va a ser el plan en verano porque TIENEN que sacar el boleto por puntos o millas que tienen guardados *from the good old days.*

El precopeo antes de salir es un MUST porque tienen que ahorrar.

Su historial de crédito bancario es American Express Platino —sueños de tener la American Express Negra—. Ahora sólo tarjetas de débito.

Buscan trabajo sin querer encontrarlo.

Se quieren casar, pero primero quieren tener su dinerito, o encontrar a alguien que les dé su extrañado estilo de vida.

Tienen muy buenos contactos tanto en México como en el extranjero a consecuencia de todo el tiempo que vivieron fuera.

Quieren tener su propia empresa porque saben que es la única manera en que pueden seguir con el ritmo de vida que les gusta, además de que conocen la diferencia entre tener y no tener dinero.

Estudiaron en el Regina, Del Bosque, Oxford, Sagrado Corazón, Americano.

Ven en la tele: Sony, Warner y E! Entertainment, pero no lo admiten, ya que ahora en vez de Direct TV tienen Cablevisión.

Niñas bien atascadas o reventadas:

Viven en *la peda,* lo cual significa que viven perennemente en el «reventón», aunque lo tengan que inventar.

No conocen los límites.

Abusan de las drogas (tachas, coca y mota preferentemente), del alcohol, del sexo y del *shopping.*

Por lo general, sus papás son muy ricos pero no las pelan, para ellos no existen, y sólo les dan dinero.

Siempre se visten de marca, pero no siempre bien.

Siempre pichan todo, es decir, le entran a todo.

Aunque tienen un grupo de seguidores, tienen SIEMPRE a su fiel amiga, aunque dicha fidelidad esté en duda.

Pretenden ser *fashion,* pero no tienen ese *way of life.*

Se dedican a estar en el reventón, y por la cantidad de personas que conocen podrían trabajar en relaciones públicas, pero por alguna razón no lo hacen.

Los niños las consideran *one of the guys.*

Las demás niñas o las quieren o no las entienden.

Casi siempre son muy divertidas, aunque su reventón es MUY pesado y puede que en algún momento ya no las llegues a entender... Qué onda con ellas...

Por lo general se casan mayorcitas, con un atascado, y aunque por lo general se regeneran, hay casos en los que juntos se dan más alas.

Escuelas: si no estuvieron casi siempre en internados en Estados Unidos o Suiza, en México estudiaron ya sea en el Americano, en el Westhill, TEC, Vista Hermosa, Liceo Franco Mexicano (estas ex alumnas son las más confundidas y reventadas) y una que otra colada de escuelas de los Legionarios, pero desde que se enteraron de los escándalos del padre Masiel, odian todo lo que tenga que ver con los que ahora llaman «los millonarios de Cristo».

Algunas de las expresiones que usan son: «¿Ya te puso?», se usa para preguntar si las drogas ya hicieron efecto. «¿Qué peda trae?», significa que está muy borracha. «Puta, está de no mames este reventón», se usa para describir que la fiesta está muy buena. «Me está mal viajando», se refiere a una persona o situación que les interrumpe la diversión. «Hijo», «Brother» y «Chido».

Aparentemente tienen una gran percepción extrasensorial de las vibras y ondas que expiden la demás personas, lugares, DJ's y situaciones ya que en cualquier momento se refieren como "Me da buena vibra" "Mala vibra", "Buena onda" y "Mala onda".

Niñas bien, «paracaidistas».

Por lo general son niñas de provincia que llevan poco tiempo en el DF, aunque dentro de este grupo hay muchas chilangas también.

Una característica muy importante es que son niñas con mucha presencia, ya sea que tienen buen cuerpo, bonita cara o solamente «pues son muy arregladas».

Hablan MUY fuerte. Siempre parece que están gritando. Además, son muy intensas, al cabo de dos horas de estar con ellas, una ya no las aguanta…

Por lo general en sus pueblos las consideran como quedadas,o tienen un pasado medio turbio y vienen al D.F para conseguirse esposo ya que creen que aquí nadie se va a enterar de cómo eran en realidad.

El venir al DF lo toman como un nuevo comienzo y se inventan una nueva personalidad. Hasta dicen sin el menor rubor que su papi es dueño de hectáreas y hectáreas de tierras…

Acaban haciendo unos «osos» y ridículos tremendos porque el tamaño de la ciudad las abruma y acaban sacando el cobre tarde o temprano.

Las niñas bien las odian porque vienen a bajarles a los novios, porque al vivir solas éstas se vuelven mucho mas atractivas para los niños.

Son amigas de *the right people*. Siempre tienen el arte de conseguir sus teléfonos y ser invitadas a las fiestas *qu'il faut*.

Su meta principal es conseguir un marido chilango con lana, y pues si estudian o trabajan en el inter «pues está bien».

Su mayor competencia son las *niñas bien, bien*. Cuando se encuentran con ellas, de pronto su autoestima se les baja hasta el suelo… como que a su lado se sienten fuera de lugar…

Cuando un galán invita a una a salir, salen diez y no traen ni para los cigarros entre todas.

Jamás se les ocurre ofrecerse a pagar algo ya que no se usa.

Cuando llegan a la mesa de los niños bien, ellos pueden estar seguros de que van a tomar más que todos ellos juntos.

Si un posible prospecto las invita casualmente a Acapulco, *they always seem to make it,* y no sólo una o dos, sino las diez y directo a la mesa, además de que el galán en cuestión es el encargado de conseguir el hospedaje.

Nadie las invita a ningún lado, pero siempre llegan. Lo que más intriga es que no se sabe cómo se enteran de las fechas y lugares de los reventones.

A las de provincia que acaban de llegar es MUY fácil chamaquearlas, tomarles el pelo, pero a los seis meses son como profesionales.

Los niños bien no quieren ser vistos con ellas, pero sí están con ellas.

Cuando salen solas van de mesa en mesa, donde, claro, todo el mundo les invita de tomar.

Si van a comer a algún lugar de moda (¡oh, no!) invitan a un niño bien para que les piche, para que les pague lo que consumieron.

SIEMPRE, y repito, SIEMPRE quieren ser el centro de atención.

Su celular es su mejor amigo.

Cuando otra niña bien se acerca a saludar a su pichador (pagador) del momento, la pueden llegar a linchar.

Las puedes encontrar en cualquier lugar de moda, o en los que no pasan de moda, como el Baby.

Nunca te quieren llevar a su pueblo, pues no quieren que nadie se dé cuenta de que nadie las pelaba y de dónde vienen.

Niñas bien, panistas:

Desde que el PAN llegó al poder, o trabajan en el partido o ya no aceptan que son panistas.

En las reuniones sociales, cuando se habla del tema de Fox o Marta Sahagún, prefieren hablar de temas mas importantes como quién salió en la portada del *Hola*. O bien de inmediato dicen: «Ay, Margarita (Zavala de Calderón) es tan linda, tan discreta, me encanta porque es ex alumna del Asunción, además es muy educada, muy buena madre, muy buena esposa, muy buena hija, muy buena amiga, muy buena cuñada y claro, también, muy buena panista. Nada que ver con *the other one... you know who...*»

Como ha ido pasando el tiempo, las niñas bien panistas ahora no están en contra del aborto, sino aceptan que dependiendo de las circunstancias no es tan mala idea, pero sí están COMPLETAMENTE en contra de la aprobación de la píldora de emergencia, ya que es minimizar un aborto. Sobre este tema «tan complejo», como dicen ellas, prefieren no hablar...

Están felices porque por fin saben, por segunda vez, lo que se siente estar en el poder, y ahora se comportan igualito a las del PRI en sus épocas. Lo único que las diferencia es que ellas son de más clase, se visten mejor y disimulan mejor los abusos, es decir, los privilegios que tienen por el solo hecho de estar cerca de los panistas... Su máxima ilusión es ser invitadas a todas las reuniones que le organizan a la primera dama. Cuando son convocadas (por Marrrrrrie Terrrrrrrrrréese, pronunciado con mucho acento francés) a pláticas sobre política en el Club de Indrustriales, van felices. Ese día se levantan muy temprano y se tardan horas en sus *walking closet,* para saber qué se van a poner. A ese tipo de reuniones siempre van súper bien vestidas, perfumadas, peinadas y manicuradas. Cuando termina la plática, de la cual no entendieron ni papa, son las primeras en hacer preguntas a los o a las ponentes, pero siempre que las formulan, sienten que les sudan las manos y que les tiembla la voz, de puritita pena y temor a equivocarse. Lo cual irremediablemente logran, no obstante al finalizar el encuentro siempre las felicitan y les dicen cosas como: «Lo que tú preguntaste era exactamente lo que yo quería preguntarle a Margarita, pero no me atreví. Te felicito por tu valentía…»

Niñas bien, priistas:

Desde que el PAN llegó al poder no hacen otra cosa más que decir «YO NO voté por él» y «Se los dije, vean el país que nos deja Fox, totalmente partido por la mitad, lleno de focos rojos, si hasta parece prostíbulo… A ver ahora cómo nos va con Calderón, pero para mí que va a resultar el mismo fracaso. No, no se hagan ilusiones que se quedarán hasta el 2030, pero ya verán que dentro de seis años gana Peña Nieto. Por cierto, ¿se han fijado que con la edad está cada día más guapo?»

Siguen ardidas, especialmente ahora con el triunfo de Calderón, ya que ahora sí se dan cuenta de lo «nacas» que son, como las llaman las otras niñas bien que nada más las usaron mientras tenían poder.

Niñas bien, intelectuales:

Van en la UNAM y estudian medicina, veterinaria o historia.

Sus amigos de la escuela sólo son sus amigos en la escuela, ya que las consideran demasiado fresas, y sus amigos bien las consideran demasiado liberales.

Se pelean con su mamá para poder irse a vivir con su novio, ya que obviamente necesitan del patrocinio familiar.

El novio por lo general es un filósofo o dizque bohemio galansón que está dispuesto a bajar su nivel de calidad mientras lo mantenga su novia.

Bajo ninguna circunstancia participarían en las huelgas (marchas), pero lo platican como si ellas fueran el mismísimo Sosa, líder de la APPO.

En el fondo se mueren de ganas de casarse, pero por lo general no son muy atractivas, y se ven obligadas a esconder su inseguridad en los estudios.

Niñas bien, ex banqueras:
Cuando pasan enfrente de los bancos siguen diciendo a sus hijos: «Mira, ese banco era de tu bisabuelito, el mal gobierno se lo quitó, luego lo vendió a alguien más y ahora lo tienen los extranjeros».

Niñas bien, desubicadas:
Aunque hayan pasado los años, este grupo de niñas no ha cambiado tanto y siguen estando en todos lados.

Ahora no la pasan «regio» sino «bomba».

Niñas bien, quiero pero no puedo:
Se siguen maquillando mucho, colgándose hasta el molcajete, con el pelo rubio súper pintado, tirando a color paja, arreglándose más de la cuenta y en especial si van a cenar al Suntory, de Reforma obviamente, y de aperitivo toman Cosmopolitan como en *Sex and the City*.

Están invitadas a todas las fiestas, y no faltan a ninguna, aunque implique ir a tres en una misma noche.

Persiguen a los fotógrafos de las revistas de sociedad, sobre todo el de *Club* del periódico *Reforma*, porque quieren que la sociedad las identifique como parte de ella.

Su meta en la vida es casarse con un millonario conocido y lo que menos les importa es de dónde sacó su dinero, ya sea drogas, fraudes, robos, etcétera.

Niñas bien, mochas:

Tampoco han cambiado mucho, pero ahora sí usan pantalones, traje sastre con un *body* muy ajustado y algunas hasta trabajan, pero sólo en causas altruistas y mientras tienen hijos, o cuando éstos ya sean grandes pueden regresar a trabajar.

Su prioridad es su esposo, luego sus hijos y su casa, por cierto, al final de todo esto están ellas.

Pueden ser confundidas con las panistas, pero no se olviden de que son aún más radicales y extremistas que éstas. Muchas de ellas están casadas con algunos miembros del Yunque, pero de este tema jamás hablan.

Niñas bien, nacionalistas:

Desde que estalló el conflicto en Oaxaca, encontraron una causa a la cual dedicarse de tiempo completo, es su único tema de conversación.

Antes su hombre ideal era el subcomandante Marcos. Después fue el Peje, pero ahora tienen muchas dudas…

Cuando en eventos sociales se encuentran con una persona en el poder, se dedican a hablarles de política, aunque dicho personaje no las conozca y no quiera platicar con ellas.

Viven solas y no tienen *maids,* muchachas, ya que consideran ello una forma moderna de esclavitud.

Trabajan en ONGs (su máximo es llegar a la ONU), periódicos (por lo general de poca distribución) y Derechos Humanos.

Estudiaron Relaciones Internacionales en el TEC, la Ibero o la Anáhuac porque, si seguían sus ideales, sus papás no les pagaban la carrera.

Toda su ropa es *made in* México y es común encontrar huipiles en su clóset. Eso sí, que ganaron el primer premio en Fonart.

Sus novios casi siempre son mayores y por lo general son niños bien nacionalistas, ya que comparten los mismos principios. Cuando se encuentran por ejemplo a Gonzalo de Altamira y a su esposa caminando en alguna manifestación del PRD, se sienten reivindicadas y hasta se reconcilian con la *verdadera gente bien*...

Niñas bien, pobretonas (güeras de rancho):

Estas niñas no han cambiado mucho; ahora van de compras a Sears, Liverpool y el Palacio de Hierro, pero a doce meses sin intereses. Su máximo evento del año es la venta nocturna del Palacio de Hierro y para que no les ganen nada apartan lo que quieren comprar un mes antes.

En caso de que hablen inglés, lo hablan muy mal, tienen mucho acento y no cuentan con las expresiones *qu'il faut*.

Manejan un Ford Fiesta, un Pointer, un KA o cualquier coche chico que sea de su alcance.

Como su prioridad es buscar niños bien, es el primer novio quien las educa y las enseña a arreglarse bien.

Son con las que los niños bien de lana se quieren casar, ya que éstas son las menos maleadas y ya educándolas y enseñándolas a vestirse se convierten en las mejores esposas porque nunca se van a quejar de nada y siempre van a hacer lo que el esposo quiera.

Niñas bien, sonsas o «pendejas», como las llaman las otras niñas bien intelectuales:

Uno de sus mayores cambios es que ya no se casan con un niño bien pendejo (buscar vocablo «pendejo»), sino con niños bien que quieren seguir controlando a sus esposas y hacer todo lo que quieran sin que la esposa se entere o vaya a hacer algo al respecto.

Ahora son conscientes de que son sonsas pero no les interesa cambiarlo, ya que así su mundo es ¡PERFECTO!

Cuando en una cena con sus amigos casados alguien menciona la crisis, ella se cuestiona que si la de nervios, que no hay problema, que «Gracias a Dios, ya hay pastillas, tipo Prozac...»

En vez de estudiar carreras estudian diplomados en la Anáhuac, que dejan en el momento de casarse.

Son guapas y siempre están arregladas, ya que saben que es su mejor atributo.

Niñas bien, hijas de políticos (de los de antes):

En el momento en que su familia llega al poder, las cambian de escuela para que se relacionen con la gente bien.

Son altaneras.

Hablan del dinero como si lo hubieran tenido toda su vida, cuando en realidad no tienen noción de éste.

Creen que merecen el respeto y la admiración de todos sin hacer nada por ganárselo.

No tienen sentido de la moda, ni de lo que se les ve bien; por ejemplo, usan *un bra* con tirantez transparentes con un vestido *strapless* y chamarra de jeans en el Baby.

Saben que las niñas bien no las aceptan y están dispuestas a usar bolsas Vuitton *fake* (sobre todo la de la colección de verano con el logo de colores y fondo blanco) con tal de parecer aceptadas.

No tienen amigos, aunque siempre están rodeadas de gente.

A sus amigos de antes de que su familia llegara al poder ya no los ven porque no están a su nivel.

Son amigas del grupo de los presidenciables (grupo de niños y niñas que no les importa quién sea el que está en el poder, pero siempre se convierten en mejores amigos de los hijos de los políticos en turno).

No entienden que los tiempos han cambiado, y que hay familias que tienen más poder que ellas aunque no sea en la política.

En cualquier lugar del mundo esperan ser recibidas como reinas, y no es raro verlas en la puerta de un antro de moda, diciendo: «Qué, ¿no sabes quién es mi papá?»

A su escolta o la tratan con la punta del pie o como sus mejores amigos.

No respetan a nadie más que al grupo de los billonarios y harán lo que sea para poder estar con ellos.

Cuando acaba su sexenio es muy común verlas hasta *su mother de pedas* lamentándose por ya no tener amigas ni galanes, abrazadas y llorando con otras como ellas. En el sexenio pasado se hicieron muy amigas de Ana Cristina Fox y cada vez que la veían le echaban muchas flores, aunque su papá fuera de otro partido. «La neta, es que soy de lo más plural», le decían como para justificar tanto entusiasmo.

Niñas bien, hijas de ex políticos:

Es una categoría nueva, ya que hasta ahora la mayoría de estas niñas dejaron de estar en el poder.

No se diferencian mucho de las hijas de políticos, pero las segundas mínimo, ahora sí, están en el poder.

Ellas sí tienen cultura y son educadas, porque sí fueron a buenas escuelas.

Tienen un mayor sentido de la moda y de lo que les favorece.

Son menos altaneras, pero tampoco son sencillas.

Creen que siguen en el poder.

Niñas bien, universitarias (hippies):

Esta categoría ha cambiado mucho, porque ahora la mayoría de las niñas bien van a la universidad, aunque estudiar no siempre sea la finalidad.

Las prendas de elección son los *jeans* y los *cargo pants;* NUNCA usan falda, y si la llegan a usar es larga con una chamarra de jeans. Las marcas que usan son: Abercrombie & Fitch, SOHO, Paul

Frank, Custo Barcelona, no le tienen miedo a la ropa de marca, y si la ocasión lo amerita, las puedes ver en Cavalli y Dolce & Gabana.

Van a fiestas masivas tipo *rave*.

Rechazan a la sociedad: «Todo el mundo es un pendejo a comparación con ellas», y «Nadie entiende nada de nada, pero de que hay guerrilla, claro que hay guerrilla…»

Prueban TODO tipo de drogas para «encontrarse», mas no son adictas; su droga de preferencia es la marihuana.

Con tal de que sus compañeros *hippies* las acepten, pueden hasta negar su apellido.

Estudian Filosofía y Letras, Ciencias Políticas o Comunicación en la Ibero. Siempre especializadas en el lugar de la mujer en el mundo actual.

Las niñas bien universitarias y las intelectuales son un grupo parecido, pero no es el mismo.

Niñas bien, en decadencia:

Con todas las crisis que ha habido en el país, estas niñas dejaron de ser niñas bien.

Niñas bien, pobretonas:

Esta categoría casi no ha cambiado en NADA. Hacen todo lo posible por seguir aparentando, aunque cada vez se les nota más su pobreza…

Niñas bien, liberdadas:

Las solteras y las casadas se acuestan con su novio.

Todos los sábados se acuestan con su novio o galán en turno, y todos los domingos son las primeras en la fila de confesión, de preferencia en San José de la Montaña o en la Iglesia de la Santa Cruz en el Pedregal para que todos las vean.

No entienden, critican y rechazan a las no liberales; con los niños hacen notar la diferencia entre ellas y las demás niñas bien, diciendo que «No es posible que a estas alturas de la vida hayan niñas vírgenes».

Critican la posición de las niñas bien que han viajado y aprendido, y siguen sin tener criterio y capacidad alguna de decisión en sus vidas.

Su manera de vestir siempre es llamativa y escotada, sin caer en lo vulgar.

Tienen dos grupos de amigos, los bien bien, que son con los que están en público y con los que tienen fotos en su casa, y los atascados, a quienes supuestamente no conocen y según ellas no saben que se me meten drogas, pero la verdad han probado la mayoría de las drogas con sus amigos bien atascados.

Niñas bien, fresas:

Sus amigas forman una parte muy importante en sus vidas, la mayoría son sus amigas «de toda la vida», pero se separaron de las que se quedaron como niñas bien bien y de las que se volvieron niñas bien liberadas.

No saben quiénes son las niñas bien atascadas, pero nada más de haber oído de ellas «se les pone la piel chinita».

Las solteras siguen sin salir de su casa si un niño bien bien no las invita.

No se acuestan con su novio, pero cuando ya tienen anillo todo es posible.

Se visten a la moda, pero nunca enseñando demasiado.

Se turnan los domingos con sus papás y sus suegros.

No entienden los chistes, y si por alguna razón entendieron uno que diga algo más fuerte que tonto, no se pueden reír.

QUÉ ÑÁÑARAS CON LA Ñ

Dicen que los argentinos, los yucatecos y los anglosajones tienen dificultades para pronunciar la Ñ. No los culpamos.

Hay que decir que la letra Ñ es una lata. Tan es así que a principios de los noventa, más de 400 personas hispanas salieron a la calle en defensa de esta letrita. Sí, había que dar la «batalla de la Ñ».

Todo empezó cuando la Unión Europea quiso imponer una iniciativa que consistía en sugerirles a los fabricantes de computadoras eliminar por completo del teclado la Ñ.

Entonces existía una reglamentación que impedía en España vender «productos informáticos» que no tuvieran «todas las características del sistema gráfico del español». Y claro, la UE consideró que esta disposición equivalía a una medida «proteccionista que violaba el principio de libre circulación de mercancías».

La primera en reaccionar fue la Real Academia Española. «Su desaparición representaría un atentado grave contra la lengua española», dijo la RAE. Pero el que también estaba furibundo era Gabriel García Márquez: «Es escandaloso que la CE se haya atrevido a proponer a España la eliminación de la eñe sólo por razones de comodidad comercial», afirmó el premio Nobel de Literatura 1982. Y agregó: «Los autores de semejante abuso y de tamaña arrogancia deberían saber que la eñe no es una antigualla arqueológica, sino todo lo contrario, un salto cultural de una lengua romance que dejó atrás a las otras al expresar con una sola letra un sonido que en otras lenguas sigue expresándose con dos».

Por más ñoña que les pareciera a unos cuantos, la letra con su pequeña caperuza no podía desaparecer. No hace mucho, la portada del semanario *Newsweek* estaba dedicada, precisamente, a la «generación Ñ», que se caracteriza por su originalidad y por el hecho de que sus padres no la comprenden en absoluto.

Esta generación fue la que eligió, de todo el diccionario, la letra Ñ, porque consideraron que era la más «chida».

ÑÁÑARA Muchas mexicanas y mexicanos sintieron muchas ñáñaras por las elecciones. Tenían miedo, sentían ñáñaras en el estómago.

Les dio pavor no saber por quién votar, pero también les dieron muchas ñáñaras haber votado por el candidato que escogieron.

ÑOÑO Cursi, «chabacano», fuera de moda, provinciano. No hace mucho, un lector me mandó un mensaje electrónico donde me preguntaba: «¿Se podría decir que la primera dama es ñoña?» He aquí mi contestación: «Querido lector, tiene usted razón».

Y no nada más es ñoña, es ñoñísirna. Dejarse retratar tomada de la mano con su marido es totalmente ñoño; estar a punto de llorar frente a un grupo de drogadictos es ñoño y, por último, haber vendido parte de su guardarropa con fines caritativos es súper ñoño.

O

¡OK, MAGUEY!

¡Oh! con las y los mexicanos.

¿Sabía usted que por la forma en que escribimos la O podemos descubrir en qué estado se encuentra nuestra vida emocional?

Según aparezcan en el escrito estas O, sabremos si estamos pasando por una etapa de mucha presión, si estamos tristes o si necesitamos amor. Por ejemplo, las O muy redonditas expresan sociabilidad y mucho sentido de adaptación. La O más amplia y más limpia quiere decir madurez emocional, calidez y un enorme sentido de empatía respecto de los demás.

Aquellas personas que suelen escribir la O muy chiquita, son aquellas que sienten una gran opresión y mucha insatisfacción en su vida. Existen otros ejemplos de la forma en que se escribe la O, pero eso se lo dejamos a los grafólogos. Pero si hablamos de la decimosexta letra del alfabeto en términos ideográficos, podemos decir que la O proviene del jeroglífico que representa al ojo.

OK «Okey», dicen los cubanos porque ellos saben que junto a la típica expresión americana «Okey», Coca Cola es quizá la palabra más universalmente reconocida en la Tierra, lo que la convierte en un símbolo del estilo de vida occidental. Ha habido numerosos intentos para explicar el origen de esta curiosa expresión coloquial, que al parecer se hizo popular en Estados Unidos a mediados del siglo XIX.

La mayoría de estas explicaciones son seguramente pura especulación. No parece probable que desde el punto de vista lingüístico e histórico se derive de la expresión escocesa *och aye,* ni del griego *ola kala,* que significa «está bien», o del dialecto indígena choctaw *okay,* que significa «así es», ni del francés *aux Cayes,* del nombre de un puerto en Haití que tenía muy buen ron. O del *au quai,* usado por los estibadores de habla francesa.

O de las iniciales de la gente de ferrocarriles Obediah Kelly que, se dice, ponía sus iniciales en los documentos que revisaba.

Las referencias escritas más antiguas del significado de «okey» se refieren al eslogan que utilizaba el Partido Demócrata durante la elección de 1840. El candidato de este partido, Martin Van Buren, se apodaba «Old Kinderhook» y sus seguidores formaron el «OK Club».

La única otra teoría plausible es que el término se originó entre los esclavos negros del oeste de África y que representa una palabra que significa «muy bien» en diversas lenguas oesteafricanas.

¡Ok, maguey! se dice para hacer ver que las y los mexicanos siempre ponemos algo de nuestra cosecha, aun a expresiones tan típicas de otras lenguas.

ONDA Dice Rubén Pelayo sobre los usos del lenguaje y los procedimientos estilístico-textuales en la novelística de José Agustín, que fue Margo Glantz la primera en denominar a la escritura de Agustín y Sainz literatura de la «Onda». Dicha literatura, escribió Glantz, afirma que la preocupación esencial de esta forma de novelar es el lenguaje que cuestiona el sentido mismo del género novelístico o en general de la narrativa.

Hay que decir que entre todas las expresiones de la Onda, es precisamente este término, onda, el que tiene más significados. En estas novelas de la «Onda», nos dice Pelayo que el lenguaje que predomina es el descriptivo.

En su libro *Onda y escritura en México* (Siglo XXI, 1971), Margo

Glantz escribió: «La Onda es un rechazo, a muy diferentes niveles y contrastando riesgos muy variados». Y Carlos Monsiváis dijo: «La Onda es un estado de ánimo. La Onda es un chance que sí. La Onda es una complejísima realidad que, hablando a la mexicana, nomás no existe».

Estar en una «onda muy gruesa», dicen los jóvenes cuando se encuentran en pleno viaje, es decir, bajo los efectos de la droga.

Por último nos preguntamos ¿quién de los cinco candidatos a la presidencia, era el «buena onda»? Seguramente para las y los chavos, Patricia Mercado; para los «juniors», Felipe Calderón; lo más probable es que Campa lo fuera para sus hijas y su esposa; Madrazo era todo lo contrario, era «da mala onda». Y cuando AMLO no se enoja ni hace corajes, es «buenísima onda».

OPACAR Un verbo mexicanísimo y quizá muy latino que va directo al ego, que pone a la gente que lo sufre en una desventaja ante quien irradia luz. El carácter de los mexicanos está hecho para sentirse todo el tiempo opacado.

«Opacaron a la selección en este Mundial», dicen a manera de autocompasión unos aficionados al ver el partido en que descalificaron al equipo mexicano.

«Quería opacarme, pero yo me puse muy lista y mira, me lucí, y eso le molestó mucho, ya no me habló durante toda la fiesta», dice una segura de sí misma a su amiga, quien se siente opacada por el aplomo de la otra.

¡ÓRALE! Expresión favorita de Brozo el payaso. Quiere decir ahoritita mismo, en el acto. También significa sorpresa. Por ejemplo: «¡Órale, ya sacaron los machetes!»

OSCURITO Se trata de una expresión muy lúgubre y pícara entre los mexicanos. «Irse a lo oscurito» es para desconfiar de quien te invita o de quien fue. Ser una persona oscura expresa no una discriminación racial, sino una actitud muy dudosa o malintencionada.

Hay un grupo social entre los jóvenes que son oscuros, que retoman lo *dark* y lo mexicanizan, son jóvenes que gustan de la cultura *dark,* gótica y el color negro es su emblema. La literatura oscura y la música *darketa* son una identidad. Ésa es otro tipo de oscuridad, pero terminan siendo un grupo que se andan por lo oscurito.

P

El prietito en el arroz

¿Qué tan importante será la letra P para la cultura popular mexicana, que en el *Diccionario de mejicanismos* de Francisco J. Santamaría hay más de 125 páginas dedicadas exclusivamente a esta letra del alfabeto español?

En ellas descubrimos muchos vocablos y expresiones con doble sentido.

Imposible incluirlos todos en esta pequeña muestra; no obstante, hicimos una selección de las más frecuentemente usadas, las más populares, las más folclóricas y, en suma, las más mexicanas.

Antes de poner esta lista a su consideración, permítannos compartir con ustedes algo que nos llamó particularmente la atención. La mayor parte de los términos usados para referirse al pene empiezan con P. Así tenemos: pizarrín, pito, pajarito, pistola, plátano, pinga, pija, picha, palo, pepino, etcétera.

PA Llaman los jóvenes a su padre. Antes, es decir, hace 20 años, habría resultado impensable llamar de este modo a su papá, habría sonado irrespetuoso, igualado y totalmente fuera de lugar.

Pero ahora que la distancia entre padres e hijos, afortunadamente, se ha acortado, se ha allanado y se ha relajado, se le puede llamar al papá con un cálido «¡Pa!» lleno de ternura y de respeto.

PADRE, PADRÍSIMO, PADRISÍSIMO He aquí una expresión muy empleada para expresar una absoluta aprobación, virtudes, bondades y hasta belleza de cualquier cosa.

Pero ¿por qué cuando se demuestra aprobación se dice: «¡Qué padre!» y, cuando se trata de desaprobación, se exclama: «¡Esto es una madre!»?

Tal vez tenga que ver con la misoginia y la permanente minusvaloración de todo lo femenino.

El caso es que la expresión «¡Qué padre!» se utiliza entre niños, jóvenes, adultos y hasta ancianos.

Hay que decir, por otra parte, que ha sido sustituida entre la juventud por el vocablo *chido*.

Veamos algunos ejemplos del empleo de «padre»:

«¡Qué padre que ya se va a acabar este sexenio!» «Estaría padrísimo que los tres ex candidatos a la presidencia se reunieran para ponerse de acuerdo y brindar su apoyo al triunfador por el bien del país.» «Se siente padrisísimo cuando finalmente pagaste todos tus impuestos».

PALANCA No hay nada que inspire más seguridad en nuestro país que tener «palancas». Una buena «palanca» nos puede sacar de problemas inimaginables.

Dicen que en México lo único que funciona son las influencias, las «palancas» y los contactos, sobre todo si tienen que ver con el poder.

Siempre que se inicia un nuevo gobierno, es indispensable conocer, aunque sea superficialmente, a dos o tres secretarios o subsecretarios; a partir de ese momento, se convierten en magníficas «palancas» por los siguientes seis años.

Si se tiene una buena «palanca», ya sea en la Procuraduría o en Hacienda, ya se puede dormir con mucha tranquilidad.

PARRANDA Podemos estar seguras y seguros de que las mejores «parrandas» del mundo son las mexicanas. A estas parrandas se puede llegar a cualquier hora, se come rico, por lo general la música es buenísima, se pueden llevar amigos sin avisar a los anfitriones, se pueden beber cantidades industriales, se puede bailar desde una rumba hasta un jarabe tapatío, se puede llevar mariachi y, por último, incluso se puede usted quedar hasta la madrugada para preparar, junto con la anfitriona, unos deliciosos chilaquiles con mucho chile para la cruda.

Al otro día, seguramente los invitados comentarán a todas sus amistades: «Qué padre parranda nos echamos. Nos pusimos un pedo (una borrachera) como hacía mucho tiempo no nos poníamos».

PEDO Este mexicanismo puede ser una de esas escatológicas palabras etílicas y etéreas. En este diccionario no podemos dejar a un lado tan incómodo término usado en diferentes acepciones.

«Ponerse pedo» describe un estado alcóholico que hace perder el juicio, la cordura y las formas a los ebrios.

«Asistir a una peda» para las y los mexicanos es sinónimo de reunión etílica que terminará en tremenda borrachera. Se conjura a Dioniso para que aparezca como todo un dios Baco.

Empedarse es un síntoma mexicano de hombría, resistencia y reto etílico que pone de manifiesto el machismo mexicano. José Joaquín Blanco, en el libro *Función de medianoche,* escribe: «El alcohol es como la desesperación. Te enreda y jala inútilmente. Uno se empeda para decir madres, sobrio ni se atreve a pensarlas, empedarse sólo sirve para eso, porque al otro día la cruda desespera más que la borrachera».

PELADO O PELADA He aquí un calificativo que ha sido sustituido por el de «naco» o «naca»; sin embargo, una mujer llamada «buena pelada» supera de lejos lo «corriente» de una supuesta «naca». Una buena pelada es capaz de cometer los actos más sórdidos y más vulgares que pueda una imaginarse.

Hay que decir que este vocablo tiene varios matices. Por ejemplo, en las primeras películas de Mario Moreno, su personaje, Cantinflas, era el típico «peladito», mas no «naquito».

Pelado o no pelado, el caso es que en el Diccionario de la Real Academia Española, en la letra C, se encuentra la palabra cantinflear.

PELIGRO Recurso publicitario político utilizado en las elecciones de 2006 para apanicar a la gente y desprestigiar hasta la descalificación a un partido y sus seguidores. Ha funcionado como un motor del mercado y la democracia, afirma Ikram Antaki en el libro *Manual del ciudadano contemporáneo.*

El peligro se autoalimenta, se alienta y se promueve como un movimiento borreguil mediante el cual uno imita, transfiere y evoca el miedo como principio descalificatorio del adversario, de modo que el peligro se traduce a las ideas y las cosas. «Ser un peligro para México» implicó una descalificación política que el PAN utilizó como medio mercadológico en su campaña.

Escribió al respecto Carlos Monsiváis:

Asegura el candidato del PAN, Felipe Calderón:

«Seguiré diciendo que López Obrador es un peligro para México». No extraña lo anterior en alguien que desconoce el valor de las palabras que, conviene avisarle, podrían formar conceptos relacionados con acciones atadas a consecuencias. ¿Cómo define Calderón «un peligro para México»?

Calderón, un especialista en chistes nonatos, se concentra en su oficio de exorcista («y cuando se repita 135 mil veces mi *spot* del peligro para México, mi enemigo se disolverá en un mitin a la vista de todos»), exhibe su deseo de inaugurar en fecha próxima su hipnosis de masas («bendecirá el acto monseñor…»).

Qué peligrosa expresión cuando se utiliza para poner en alerta el libre pensamiento, cuando se acusa y castiga a quien se resiste a sentir y afirmar el peligro. Es más inflamable que cualquier combustión.

PENDEJO (O penitente, para las personas que no gustan de malas palabras.) Las y los pendejos suelen apendejarse con puras pendejadas. A nadie le gusta que le vean la cara de pendejo, de tonto, de estúpido, de imbécil.

No obstante, una acaba haciendo tantas pendejadas en la vida… Imaginemos el siguiente diálogo muy mexicano:

—Pero ¿por qué te robaron el coche?
—Por pendejo… porque lo estacioné en la calle.
—Pero ¿no te diste cuenta de que estabas en la colonia Buenos Aires?
—Sí, pero me apendejé…
—¿Estaba asegurado?
—No, porque el pendejo del chofer nunca me avisó que el seguro ya se había vencido.
—Pues, con todo respeto, te vio la cara de pendejo.
—El pendejo será él…

PINCHE Expresión muy socorrida por las y los mexicanos, la cual también quiere decir ayudante de cocinero.

Pinche significa algo que no tiene ningún valor. Los «pinchurrientos» viven muy «pinchemente», es decir, muy pobremente.

En la década de los ochenta y a raíz de la nacionalización de la banca y de todas las devaluaciones, la burguesía mexicana solía desahogarse en las reuniones sociales de la siguiente manera: «Ya no aguanto este pinche país. Y todo por culpa de estos pinches priistas, que no hacen otra cosa más que robar. Es que aquí, en Nacolandia (México), todo es pinche; la ropa es pinche, la comida es pinche, los restaurantes son pinches.

»Tenemos un pinche gobierno y un pinche presidente. En el extranjero nada es pinche, todo es de primer mundo. Pinche Mexiquito. Con la pinche nacionalización de la banca, nos convertimos en un país superpinche. Todos los políticos mexicanos son unos pinches rateros», etcétera.

POBREZA Situación económica y social en que se encuentra la mitad de la población mexicana. En cuanto a lo económico muchos lo padecen y saben de lo que se habla. Ha sido el gran tema de las naciones en el mundo, y en México se agudiza y extiende a situaciones extremas.

En 1976 en Bangladesh, Muhammad Yunus fundó el primer banco para pobres y creó el sistema que hoy copia todo el mundo: los microcréditos. Yanus ha afirmado que la diferencia entre un crédito para los pobres y otro para los ricos es que los primeros los solicitan mujeres porque son para su familia. En el caso de un hombre, un préstamo que llega a sus manos es para uso personal o de su empresa.

Por otro lado, la pobreza se ha convertido en el negocio de muchas instituciones y empresarios; es el tema de los medios y los políticos, de la discriminación y la inequidad.

Y la pobreza deriva en otros temas: falta de educación, de sanidad y calidad de vida, de vivienda, de trabajo y de agua potable; contaminación, explotación y abuso sexual, marginación y narcotráfico.

POLACA Desde que se inició el proceso electoral, las y los mexicanos no podemos dejar de hablar de la «polaca», pero no de la que nació en Polonia, sino de la política.

Curiosamente, por más que nos quejemos de todo aquello que tiene que ver con la «polaca», nos divertimos enormemente hablando de ella.

Gracias a la «polaca», los medios de comunicación venden más; gracias a ella, las televisoras cada vez son más influyentes, poderosas y millonarias.

El programa de televisión con más *rating* en México, *El privilegio de mandar,* está creado con puritita «polaca».

Nos preguntamos si las polacas en Polonia hablan tanto de «polaca» como solemos hacerlo en nuestro país.

PRECIOSO Seguramente en la próxima edición del *Diccionario de mejicanismos* de Santamaría, encontraremos esta palabra con la siguiente leyenda: «Precioso nada más se utiliza al hablar del "Góber precioso", un personaje siniestro que nació en Puebla y que extrañamente llegó a ser gobernador de su estado a pesar de sus malas amistades».

PRIETO O PRIETA No hay peor grosería para una mexicana o un mexicano que ser llamado «prieto».

Este adjetivo puede resultar sumamente peyorativo por su intención racista.

Un prieto por lo general tiene acusados rasgos indígenas.

«A mí no me hablen de ese prieto», decían las señoras mexicanas que estaban con Maximiliano y que detestaban a Benito Juárez.

«Nunca falta un "prietito" en el arroz», se dice por decir que generalmente no salen las cosas como una desea.

«Nunca te cases con un prieto, porque ya ves que una gota de tinta oscurece un vaso de leche», recomendaban a sus hijas las señoras de antes.

q

DE QUINCEAÑERAS Y QUEDADAS

Qué más quisiera que poder escribir muchas palabras con la letra Q, pero sucede que siempre va acompañada de su hermana la U, por lo que todas las palabras que se nos ocurran tendrán que comenzar con «que» o con «qui», lo que reduce considerablemente las opciones.

Qué más quisiera que la Q no dependiera tanto de su U, esto me permitiría encontrar palabras que comenzaran con U o, en su defecto, con A. Por ejemplo: ¿de quánto es la quota que debe pagar qualquiera de las personas que quisieran pertenecer al qlub? Y, por último, qué más quisiera que tener el talento de alguien como Enrique Jardiel Poncela, que se daba el lujo de escribir cuentos prescindiendo de la letra E.

¡¿QUÉ?! Expresión gestual y lingüística de asombro extremo. Monosílabo exclamativo que dicen los sordos, los que se hacen de la vista gorda o los intrusos al estar conversando.

En México, cuando alguien llama a otra persona, pueden responder con un «¡Quéeeeeeeeee!, acá ando, ahora voy».

Otro uso del qué, que produce queísmo, es el siguiente:

—A que no sabes qué me dijo.
—¡¿Qué?!

—Pues que sí.

—¡¿Que qué?!

—No, pues qué bueno.

—¿Qué te pasa?

—¿Pus qué?

—¡Que no sé qué hacer!

—¿Cómo que qué?… Pus nada. ¿Qué no era lo que querías?

—Por eso le dije que sí…

QUEDADA Antes, en una típica familia mexicana, siempre existía la hija «quedada», a la que nadie quiso, la que fue abandonada por el tiempo y a la que «se le fue el tren», y por eso se quedaba «para vestir santos». Es horrible ser «la quedada de la familia».

Por lo general, es la que cuida a los hijos de sus hermanos casados, la que cuida a los papás cuando son ancianos, la que se queda con las mascotas de la familia cuando ésta viaja, la que recibe el regalo más modesto en la Navidad, de la que todo el mundo olvida el cumpleaños, la que tiene la recámara más sombría de la casa y la que hereda la menor parte de la fortuna familiar.

Generalmente, las quedadas terminan casándose con Jesucristo o con San Antonio. Casi siempre están enamoradas, secretamente, del padre de la parroquia de su colonia o de algún locutor de Radio Sinfonola, estación dedicada a la nostalgia. Las solteronas mexicanas son una verdadera institución. Tal vez no lo sepan, pero las queremos mucho.

QUEMADA Hay de quemadas a «quemadas». Las primeras duelen mucho físicamente. Por lo general, suceden a causa de la prolongada exposición al sol y se pueden evitar utilizando lociones como Solar Foam, antiedad y antioxidante, para después emplear una crema *after sun* de manzanilla, aguacate y extracto de pepino. Pero las que pertenecen a la segunda categoría, esas quemadas sí que duelen mucho más. ¿Por qué? Porque tienen que ver con las quemaduras morales, las quemaduras del alma, esas que ninguna loción es capaz de mitigar.

«Quemarse» moralmente ante la sociedad deja cicatrices más visibles que la exposición al sol. ¿Cómo se quema una a ese grado? Por ejemplo, involucrarse con el marido de su mejor amiga, traicionar la confianza de sus correligionarios, ser descubierto en un acto de corrupción, ser amiga o amigo de Kahwagi, confesar que votará por el doctor Simi, ser visto leyendo el periódico *La Crónica,* comulgar cuando todo el mundo sabe que se es divorciada y defender absolutamente la moral del padre Maciel. Cuando la «quemada» es insuperable, se dice: «Ya te achicharraste».

QUERIDA Palabra para comenzar qualquier carta, nota y correo electrónico (a veces ésta es sustituida por «estimada»). Palabra para expresar cercanía, intimidad y amor. Y palabra que se emplea hipócritamente para denotar una supuesta estima por la persona a la que se dirige, por ejemplo: «Ay, querida, qué bien te ves hoy. Sin embargo, todavía te sobran tres kilitos por ahí. Pero ni te preocupes, querida, porque con un "codicito" estás del otro lado».

Pero esta palabra evoca, sobre todo, a la otra, la amante, la de la «casa chica», la concubina, el segundo frente y la amasia. La querida del señor. Aquella que no puede presentarse en sociedad, aquella que no puede ir a restaurantes finos por temor a ser descubierta, aquella que debe aguantar no estar con su amante cuando ella quiera; no estar con él en Navidad, en Reyes, en el cumpleaños de él, en las vacaciones, en los funerales de sus no-suegros o en las reuniones familiares.

Qué bonito y qué feo ser la querida. Bonito porque es la que recibe mayores muestras de amor, los regalos más costosos, las noches más apasionadas y los recados de amor más íntimos. Y feo porque tiene un estatus inferior, porque a ellas, a las queridas, nunca les heredan y nunca son tomadas en cuenta en las decisiones importantes. Por añadidura, sus hijos no llevarán el apellido del «señor»; siempre, siempre serán «hijos naturales», hijos de la querida, de la inmoral, de la apestada, en suma, hijos del pecado.

Las queridas, sobre todo aquellas que lo fueron de personajes muy importantes, suelen envejecer feo, casi siempre terminan solas, viviendo ya sea con un gato o con un perro. Cuando a veces se advierte a lo lejos o bien en una cafetería a una de estas queridas, no es raro escuchar el siguiente comentario: «¿Ves a aquella mujer con la cara toda ajada que está sentada en esa mesa hasta el fondo del café? Pues bien, así como la ves, era una beldad. Era una mujer bellísima, muy alegre, siempre llena de vida. Todos los hombres la perseguían, pero terminó siendo la querida del presidente de la República.

»Por eso tuvo siempre que guardar absoluta discreción. Prácticamente no se dejaba ver por nadie. Parece ser que entre ellos se dio una verdadera pasión. Sin embargo, él nunca se divorció. Dicen que abortó varias veces como consecuencia de sus relaciones con el presidente, pero él, naturalmente, era enemigo del escándalo. Cuando su amante dejó la presidencia, también a ella la dejó.

»A partir de ese momento se hizo el escándalo, porque ella se volvió como loca. No había noche que no se le viera caminar por las calles de Madero, repitiendo en voz baja el nombre del ex presidente. Dicen que para comer servía de modelo en La Esmeralda. Con los años terminó viviendo en un cuarto de azotea del edificio de la Lotería Nacional. Nunca se recuperó y siempre se quedó con el mote de la querida del señor»...

Querida también es el título de una de las más famosas canciones de Juan Gabriel.

QUINCEAÑERA No hay fiesta más mexicana, más costosa, más ruidosa y más tradicional que una fiesta de 15 años. Ese día la familia, por más pobre que sea, echa la casa por la ventana: se renta el

166

salón de fiestas, se alquilan los trajes de los chambelanes, se compra el vestido más caro para la quinceañera, se renta la orquesta, se contrata al mejor fotógrafo, se compra el pastel con más pisos de toda la pastelería, se aparta la mejor capilla de la Basílica para el Te Deum, se compran toneladas de hielo seco y se mandan hacer las invitaciones más barrocas en la Plaza de Santo Domingo. No hay joven quinceañera que no sueñe con su fiesta.

Permítanme confesarles, queridas y queridos lectores, que yo siempre soñé con tener una fiesta de 15 años, pero doña Lola me decía cosas como: «Pero si es una cursilería, nada más las pueblerinas organizan ese tipo de fiestas. Es un gasto totalmente inútil, más en ti que acabas de reprobar el año. ¡No seas cursi! ¿Quién te ha metido esas ideas en la cabeza? Es de "criadas" hacer fiesta de 15 años. Si quieres, el día de tu cumpleaños podemos invitar a unas amiguitas a merendar al Sanborn's de Madero».

Ahora que tengo casi 60 años, sigo soñando que mi mamá me organiza una fiesta de 15 años en el Salón Riviera.

QUIUBO, QUIÚBOLE O QUIUBAS Expresión que se utiliza como saludo, preguntando al saludado cómo le ha ido. No ha perdido vigencia y se emplea por personas de cualquier edad, hombres o mujeres, y en cualquier región de la República Mexicana.

Puede ser también una expresión de regocijo, de sorpresa; sobre todo cuando se desconoce el nombre de la persona saludada. Ejemplo: «¡Quiuuuuuuuuuubo! Cuánto tiempo sin verte, ¿cómo estás? Ahora sí nos tenemos que ir a comer. Sin falta, ¿eh? Me dio mucho gusto verte. Saludos por tu casa. Hasta luego».

Siempre hemos pensando que aquí en nuestro país debería existir una revista de sociales llamada *Quiubo* para reemplazar al imprescindible semanario *Hola*.

r

BUENOS PARA EL ROLLO Y EL RELAJO

Erre de cigarro, erre de cómo ruedan las ruedas del ferrocarril. Erre de reír, que es una manera de nacer, erre de la Revolución Mexicana, la misma que sirvió para hacerles justicia a los revolucionarios. Erre de rico y de ricachón y del rico sabor del mole y del rico mambo. Erre de dar un «rai», como se dice cuando se pide aventón. Erre de sacarle «raja» a lo que sea, de sacar provecho aunque sea poquito, pero, eso sí, uno no debe «rajarse», porque el que se «raja» resulta un «rajón» y se corre el riesgo de que el prestigio se haga pedazos.

Erre de «rayar», de caerse con la quincena, vocablo que viene de las «tiendas de raya» porfirianas, en las que los peones estaban siempre en deuda con el patrón. Pero dejémonos de malos recuerdos y empecemos con las palabras que se inician con la vigésima primera letra del abecedario.

RABO VERDE Así se les llama a los «rucos», es decir, a los viejos que se sienten todavía galanes y que son muy coquetos. A éstos también se les dice que son unos «resbalones», es decir, que se la pasan «resbalándose» por las mujeres. Claro que los «rabo verdes» actúan así porque ¡hay cada «resbalosa»!

RAJARSE Dice Octavio Paz que en el lenguaje popular refleja hasta qué punto nos defendemos del exterior: «El ideal de la "hombría" consiste en no "rajarse" nunca. Los que se "abren" son cobardes. Para nosotros, contrariamente a lo que ocurre con otros pueblos, abrirse es una debilidad o una traición». Claro, porque el mexicano no se puede «doblar» jamás, no se puede humillar y hace todo lo posible por no «agacharse», por no «rajarse», que para el caso es lo mismo. Él, el mexicano, hará todo lo posible por no permitir que el mundo exterior invada su intimidad.

Y continúa diciendo nuestro poeta: «El "rajado" es de poco fiar, un traidor o un hombre de dudosa fidelidad, que cuenta los secretos y es incapaz de afrontar los peligros como se debe».

Pero ¿qué pasa con las mujeres?, ¿también nosotras nos rajamos? Me temo que los machistas nos siguen viendo como «rajonas», ¿por qué? Y nos responde Paz que para los machistas las mujeres son seres inferiores porque, al entregarse, se abren; su inferioridad es constitucional y radica en su sexo, en su «rajada», herida que jamás cicatriza.

RAPERO Practicante de un estilo musical que surge en las fronteras del territorio nacional, con una cadencia sonora propia del chicano, del latino y las marginalidades.

«Rapear» es una forma de atropellar las ideas, los conceptos y el albur. En el *rap* la secuencia lírica es a la vez la identidad fronteriza. Dice Néstor García Canclini que «el rapero es un poeta nómada semiurbanizado capaz de hacer que choquen la literatura, las palabras y la trasculturalidad», pero más aún el rapero busca en el piso ese territorio de pertenencia a su grupo y de diferencia frente a los adultos y Estados Unidos.

RATAS DE DOS PATAS O RATEROS Este tipo de roedores abundan, sobre todo, en el Estado de México. Allí viven las «ratas» más hábiles y más políticas. Por más que les realicen auditorías personales, no hay manera de comprobarles ningún tipo de anomalías. No hace mucho, estas ratas, que por lo general pertenecen al PRI, sacaron una propaganda que decía: «Los derechos humanos son de los humanos, no de las ratas». Lo cual, naturalmente, ofendió mucho a las ratas de verdad. Nunca lo hubieran hecho.

Con ese motivo, me entrevisté con una de ellas, y esto fue lo que me dijo: «Es que esa comparación es muy insultativa para nosotras. ¿Usted cree que no nos ofende hasta el fondo de nuestro corazón? Créame, señora, que desde que empezaron a llamar a los priistas como a nosotras, nuestro prestigio se deterioró aún más. Por su culpa, somos las más desprestigiadas de todo el mundo. Yo le aseguro que no hay una sola rata en la República Mexicana que sea priista. ¡Los odiamos! Además, Montiel tiene los incisivos como los de mi marido, lo cual me provoca una gran desconfianza. No se puede imaginar lo que me hizo sufrir».

Era evidente que estaba muy herida en sus sentimientos. Al verla así de abatida, pensé que seguramente su vida no había sido nada fácil.

«Tranquilícese, doña Rata. Ya verá cómo se le va a revertir esta propaganda a Montiel. Tal vez quiso inspirarse en el poema de Robert Browning, *El flautista de Hamelin,* en el cual aparece un personaje al que contratan para deshacerse de las ratas con el sonido de su flauta, mismo que las hacía dirigirse hacia el río, donde las pobrecitas se ahogan. Ha de haber creído Montiel que con el solo sonido de su voz lograría meter a la cárcel a los criminales, a los que insistía en llamar sutilmente "ratas".»

El caso es que muchos «rateros» priistas de otros estados siguen sueltos.

RE, RETE Y REQUETE Prefijo sumamente utilizado en el habla de todos los días de las y los mexicanos. Escuchemos el siguiente monólogo: «En estos momentos, a tan sólo unos meses, siento el ambiente electoral retenso. Todos los candidatos, sobre todo el del PAN, estaban retenerviosos. Ojalá que el 1 de diciembre salga todo bien, porque de lo contrario nos puede ir requetemal».

Dice Jesús Flores Escalante que el «rete» es aumentativo del «re» y que este prefijo nació a mediados del siglo XVII. Es decir que desde entonces, cada vez que alguien nos pregunta la dirección correcta de una calle, las y los mexicanos tendemos a contestar algo como: «Huy, todavía está relejos».

RECALENTADO Dice el autor de *La morralla del caló mexicano* que paradójicamente al mexicano no le gusta ningún alimento «recalentado», pero que sí somos muy amantes del recalentado al otro día de la fiesta. Por ejemplo, los moles, los pipianes y los adobos recalentados son mucho más sabrosos que cuando se comen el mismo día que se prepararon.

Hay gente a la que le gusta más que la inviten al «recalentado» que a la fiesta.

REGARLA ¿Cuántas veces no la ha «regado» el ciudadano presidente a lo largo de su periodo?, ¿cuántas veces no se ha equivocado con el nombre de los poetas o con expresiones que a pesar de que resultan muy tradicionales, él suele decir al revés? La última «regada» de Vicente Fox fue decir «tabasquismo» en vez de tabaquismo. ¿En quién estaría pensando?

Me temo, sin embargo, que lo que más vamos a extrañar de nuestro presidente son precisamente «las regadas».

RELAJO A las y a los mexicanos nos fascina echar «relajo». Es que no nos gusta tomar la vida en serio, nos gusta tomarla a «relajo», porque se siente más bonito. Las juntas de trabajo de cualquier empresa o instancia gubernamental, invariablemente terminan en relajo. El pueblo mexicano es tan «relajiento» que hasta existe una obra escrita por Jorge Portilla que lleva el título de *Fenomonología del relajo*.

RENTA La explosión demográfica del mundo entero hace que se experimente una escasez de espacios propios para vivir. La renta es un término consolidado en México en la década de los sesenta con la urbanización y construcción de los multifamiliares. Pagar renta se hizo una forma indirecta de apropiarse de un sitio para vivir.

Hoy día, la posmodernidad cambió el concepto de renta a mensualidades y derecho a vivienda propia. Aun así, el estado deplorable de la economía se traduce en escasez, pobreza y alto costo del derecho a vivir dignamente.

RIFÁRSELA «Rifársela» es «jugársela». Los muy machos siempre se la están «rifando», precisamente porque son muy hombres. Por ejemplo, los candidatos se rifaron hasta la camisa con tal de llegar a la silla. Jugarse la vida es rifársela.

ROLLO ¡Ah, cómo nos gusta a las y a los mexicanos echar «rollo»! Algo nos dice que en el planeta Tierra no existe nacionalidad más «rollera» que la mexicana. Por otro lado, es cierto que «rollo» mata «carita» y que muchas veces un buen «rollo» puede seducir a multitudes.

Es cierto que hay de «rollos» a «rollos»… Por lo general, los «rolleros» son manipuladores, mentirosos y suelen mandar dobles mensajes, como los «rollos» de Madrazo.

Las del PRI deberían ser las siglas del Partido Rollero Institucional. Hay que temerles y alejarse de ellos. No hay nada más patético que un rabo verde «rollero».

RUCO A partir de cierta edad, no hay nada que atemorice más que verse «ruco» o «ruca». Para evitarlo, algunos son capaces de todo: de inyectarse Botox a lo largo y ancho de las líneas de expresión, de injertarse pelo, de teñírselo (pregúntenle a Felipe Calderón y a Roberto Madrazo), de imponerse las dietas más draconianas, de invertir sumas elevadísimas en tratamientos faciales, etcétera.

Qué desagradable resulta escuchar a uno de los hijos adolescentes hablar por teléfono con un amigo diciendo cosas como: «Mi mamá no me entiende, es que ya está reterruca. También mi "jefe" (papá) está "ruco", pero es más buena onda».

Sin duda, a nadie le gusta que le digan «viejo», pero mucho menos «ruco», porque eso se refiere, además, a una forma de pensar relacionada con la generación de la posguerra, quienes acuñaron el término y que ahora, a su vez, son catalogados como «rucos» por los jóvenes de hoy.

S

SUEÑOS A LA MEXICANA

Hoy nos ocuparemos de la vigésima segunda letra del alfabeto español, la S. ¿Sabían que apareció en su forma moderna por primera vez en el abecedario romano como equivalente de la letra griega sigma, que procedía originalmente de un carácter hierático egipcio basado en un jeroglífico que representaba un jardín inundado? La letra S puede recibir el valor fonético de Z cuando hay ceceo por razones dialectales, como en Andalucía. Existe una S sonora en español cuando está en contacto con otra consonante sonora. En otras lenguas, recibe otros valores fonéticos; así, en inglés y en portugués puede sonar como *sh*. Hay que decir también que la S es la décima letra del alfabeto inglés, y en hebreo es la decimoquinta. Ésta es considerada una letra sagrada, porque el sacro nombre de Dios es *Semej,* cuyo símbolo es un pilar o una columna, el *Yun* (huevo fálico). Por último, diremos que la S es la letra 46 en sánscrito. La letra *shin* ocupa un lugar importante, ya que dos nombres cualidades del Todopoderoso comienzan con ellas: Sha-Dai, que maneja el mundo, y Shalom, que significa paz.

Enseguida les presentamos algunos vocablos o expresiones muy utilizados entre las y los mexicanos.

SABROSO Alguien que se siente muy sabroso es quien está convencido de ser un «chingón»; por lo tanto se cree muy «salsa». Se dice que una mujer está muy «sabrosona» gracias a sus atributos físicos.

SANGRÓN No hay nada más desagradable que tener que soportar al típico «sangrón». Por lo general, los «sangrones» tienen la sangre muy, muy, muy pesada. ¿Quiénes pertenecen a esta categoría?, preguntamos en nuestra encuesta personal, y el personaje más mencionado fue Diego Fernández de Cevallos.

SENTIRSE En México, las y los mexicanos nos «sentimos» por cualquier cosa. De ahí que se diga que somos muy «sentidos», como se puede «sentir» una tacita que al caer al suelo no se rompe por completo. ¿Por qué nos sentiremos tanto las y los mexicanos? Por sensibles, por acomplejados o porque, simplemente, somos muy susceptibles y no toleramos la mínima crítica, ni mucho menos la más pequeña llamada de atención.

SEXO A LA MEXICANA A continuación transcribimos una carta que nos fue enviada y que tiene que ver precisamente con el sexo a la mexicana.

Estimada autora del ABC: La otra noche me encontraba muy contenta viendo la televisión (las noticias de López Dóriga) al lado de mi marido, quien, de pronto, voltea y me dice: «Necesito más fantasía, pero a la mexicana». Primero no entendí a lo que se refería; por un momento pensé que quería cambiar de canal a un programa más fantasioso (aunque el noticiario del Canal de las Estrellas parece como de un país de fantasía). Le pregunté qué quería decir y fue cuando me dijo: «Nuestra vida sexual necesita de más fantasía, como más sal y pimienta. Ya no quiero hacer el amor siempre en nuestra cama. Ojalá que lo hiciéramos en el sofá de la tele, en la mesa del antecomedor o en el elevador. En el lugar que tú quieras, pero que no sea en nuestra recámara. Necesito más fantasía». Sinceramente, me quedé de a cuatro, porque si de algo me siento satisfecha (tengo casi 60 años) es de la relación sexual con mi marido. En lo personal, no necesito de tanta fantasía «material», por llamarla de algún modo, porque cuando tenemos relaciones mi imaginación tiene toda la fantasía del mundo. Claro que esto no se lo he dicho a mi marido, porque tal vez no me entienda. Lo que quiero decir es que después de tantos años de casada, me doy cuenta de que mi marido no está tan satisfecho conmigo; en cambio, por lo que a mí se refiere, nuestra relación me ha hecho sentir muy plena. Tengo la impresión de que para él el sexo tiene otro significado que para mí. En lo personal, creo que es más importante la ternura, la amistad, la confianza, pero sobre todo la intimidad, y todo eso creo que lo tengo con él. Pero, aparentemente, todas estas virtudes a él no lo llenan como a mí. No sé qué hacer. ¿Qué me aconseja? ¿Cómo tener fantasía a la mexicana cuando en este aspecto nunca la he tenido, quizá porque no la he necesitado? ¿Qué es tener fantasía en una relación sexual entre marido y mujer? Y, por último, ¿usted cree que puede tenerse fantasía dizque a la mexicana cuando una está próxima a la tercera edad? Me interesan mucho sus comentarios. Aconséjeme, por favor. Me daría mucha tristeza que mi marido, a quien tanto quiero, termine por buscar fantasías con otras mujeres... mexicanas o extranjeras.

SIDA Enfermedad viral que heredamos de la última veintena del siglo XX. Hemos llegado a este nuevo siglo con una pandemia mundial que los mexicanos han considerado propia de homosexuales o mujeres inmorales. Actualmente el sida tiene en estado vulnerable a continentes como África y América.

La actitud de la sexualidad mexicana frente al sida debe ser de protección y no de moral. Que diga el cardenal Norberto Rivera que el sida no es un tema que preocupe a los católicos es atentar contra la vida y la salud de millones. El sida es un grave mal y una oportunidad para que las y los mexicanos nos preguntemos qué tan responsables somos, principalmente de nuestra sexualidad, nuestra vida y la de los demás.

SIN TON NI SON Así se dice cuando las cosas son hechas al «aventón», al «ahí se va», es decir, «mal hechonas», sin ningún plan de trabajo. Se dice, igualmente, hacer las cosas «al chingadazo».

SOL O NO SOL En México, entre las clases altas, exponerse al sol era un peligro mayor. Significaba quemarse y tener la piel morena. ¡Qué horror!, ser prieto y estar identificado como perteneciente a la raza de bronce era socialmente inaceptable. Además, los rostros curtidos eran un signo de la gente que trabajaba y estaba expuesta al sol. Y, precisamente, por eso entre la gente bien no era bien visto estar quemado por el sol. Por eso, se tomaba toda clase de precauciones para que el sol no las tocara. Mis hermanas mayores me cuentan que cuando eran chicas y salían a jugar al jardín, mi mamá grande mandaba a la nana con una sombrilla para protegerlas de los rayos del sol, no porque estuviera consciente del daño que podría sufrir su piel, sino para que no se fueran a poner morenas. Cuando iban al Country Club de Churubusco siempre tenían que portar sombreros de paja, y si se metían al tanque, como decía mi mamá, sólo podían hacerlo donde hubiera sombra.

No olvidemos que el concepto de belleza femenina era muy diferente al que tenemos ahora. Las pieles claras, casi pálidas, eran el ideal. La moda de estar morena surgió en el siglo pasado con la liberación de la mujer y los nuevos usos sociales, que permitían a mujeres y hombres disfrutar del aire libre y del deporte, lo que unido al hecho de que el sol dejó de asociarse al mundo del trabajo influyó de manera decisiva. Sin embargo, en México esa moda pegó mucho más tarde. Recuerdo que cuando mi hermana mayor iba a contraer matrimonio, a finales de los cincuenta, mi mamá le prohibió que fuera a Acapulco días antes de su boda. No fuera que ese día luciera con la piel quemada.

Debo decir que de su luna de miel regresó totalmente morena. Aunque recuerdo que las señoras que conocía yo de la generación de mi mamá, incluyéndola a ella, nunca se broncearon. No obstante, las hijas nos fijamos en las modas provenientes de Europa. Igual que la ropa, el bronceado era un síntoma de la época. Evoco a Brigitte Bardot, ídolo de la juventud de los sesenta, gran adoradora del sol, quien liberada de los tabúes y convencionalismos de su medio, descubre la *dolce vita,* el sol, el aroma de los pinos mezclado con las flores de naranjo y eucaliptos en Cap Myrthes, en la Costa Azul. Hoy por hoy, tal parece que existe un mandato no escrito de belleza femenina: si bella quieres verte, broncearte es tu deber. En México, con tal de estar a la moda se ha superado el prejuicio racista de no verse morena. Las niñas bien lo tienen muy razonado. «Mira», me dijo una sofisticada chica totalmente bronceada, «no es lo mismo ser morena que estar bronceada, como yo, que es algo temporal y voluntario. Además, se nota que estoy bronceada, mi dinero me costó».

SOLTAR LA SOPA Quien definitivamente «soltó la sopa» en el último debate fue el candidato por la Coalición Por el Bien de Todos. Sí, la soltó cuando habló del «cuñado incómodo».

SONSACAR No hay nada que detesten más las «Reinas de Polanco» que les «sonsaquen» a una de sus tres *maids,* como llaman a las servidoras domésticas. Si a una de sus amigas se le ocurre «sonsacar», por ejemplo, a la cocinera, lo más seguro es que nunca más volverá a verla en su vida.

SOSPECHOSISMO Corriente filosófico-ideológica de purísima factura que busca crear un estado anímico de incertidumbre permanente. Es una cuasi doctrina mexicana de derecha sobre los principios de izquierda, que tiene como fundamento albergar en las almas todo tipo de dudas sobre las certezas.

El sospechosismo como doctrina tiene su origen con el niño totalmente palacio legislativo Santiago Creel, quien formuló la ideología y la corriente del sospechosismo, basándose en los principios más nihilistas, paranoicos y autistas posibles con la base teórico-posfreudiana del egocentrismo empoderado.

Veamos un poco el origen, extraído del Tratado de Bucareli y apuntes personalísísimos del doctor Creel: «Siempre he sospechado que todos cumplimos en la vida un doble propósito, aquel para el que fuimos destinados y otro absolutamente distinto, y siempre, también, he sospechado que bien a bien no sabemos de qué se trata ninguno de los dos. Ni tenemos idea de para qué vivimos, ni de para qué dejamos de respirar. Animado por esa intuición, y suspicaz ante la posibilidad de que fuese falsa, o, peor aún, fuese verdadera, he fraguado en los últimos 40 años una tesis filosófica que revolucionará el mundo: ¡el sospechosismo!, la filosofía, que surge avalada por grandes pensadores: Jean Paul Sartre ("A mí se me hace que en esta teoría hay gato encerrado"), Emmanuel Kant ("El que no sospecha de su razón, no consigue razonar sus sospechas") y Karl Marx ("Esta teoría sí es científica; recelar de todo es sobrevivir a la ilusión. Si yo hubiera sabido en qué manos caería mi doctrina, hago que le pongan engelsismo, para que otro se llevara el desprestigio")».

En síntesis, luego de 7 234 cuartillas, el sospechosismo es la ideología de privilegiar las dudas por sobre las certidumbres, y por sobre las mismas dudas.

SUEÑOS ¿En qué sueñas, mexicano? es una pregunta que se hace mucha gente que vive o visita este país. Los mexicanos tenemos fama internacional de soñadores. Somos tan, tan soñadores que incluso soñamos los sueños de otros. Soñamos, por ejemplo, con el sueño americano, por más lejano que nos quede. Soñamos que nos hará felices el tener muchos refrigeradores, hornos de microondas, planchas, aparatos eléctricos y todo tipo de artículos con etiquetas en inglés, y que eso nos dará plenitud

«Es el sueño capa que cubre todos los humanos sentimientos, manjar que quita el hambre, agua que ahuyenta la sed, fuego que calienta el frío, frío que templa el ardor y, finalmente, moneda general con que todas las cosas se compran, balanza y peso que iguala al pastor con el rey y al simple con el discreto», dice Miguel de Cervantes sabiamente. Quizá los mexicanos soñamos tanto porque nos alivia de nuestra realidad de secuestros, acreedores, deudas, deterioro económico, calacas misteriosas, videntes agoreras del desastre, gobiernos peores y peores cada vez.

SUFRIMIENTO A LA MEXICANA Si algo sabemos las y los mexicanos es sufrir. Es una propiedad que defiende, preserva, promueve, difunde, expropia la sociedad mexicana. Somos sufridores por herencia y por placer, porque de otra manera no se explican las canciones de José Alfredo Jiménez, quien emula el dolor hasta hacerlo un orgullo nacional. Cuando canta: «Estoy en el rincón de una cantina,/ ahorita ya no sé si tengo fe,/ qué raras son las cosas que nos pasan/ cuando hay que llorar por una mujer». El sufrimiento se vuelve un destino, un dolor que se ahoga entre copa y copa.

Aquel bolero cubano *Lágrimas negras,* reconstruye el sufrimiento y lo lleva al extremo del azote: «Sufro la inmensa pena de tu extravío…/ y lloro sin que tú sepas que el llanto mío/ tiene lágrimas negras como mi vida».

t

CON SABOR A TEQUILA

Tengo la impresión de que la vigésima tercera letra del alfabeto español es una consonante dental oclusiva sorda sumamente me-xi-ca-na. T de tortilla, de teporocho, de talacha y de ¡tomate!

Hay muchas palabras y expresiones muy me-xi-ca-no-tas que no se dicen en ninguna parte del mundo más que en México; por ejemplo, decir de alguien que es muy trácala es porque nos referimos a una persona muy tramposa a quien le gusta mucho hacer transas, porque, claro, el que no transa no avanza, refrán popular, que siempre ha sido una consigna en la cultura mexicana. Entonces, si el tracalero transa, aunque sea nada más tantito y si, además, es tocayo de su compadre que está en los juzgados, por lo general avanza, y mucho.

Es tan mexicana esta letra correspondiente a la griega tau, que solamente en nuestro país existe un grupo de alimentos con vitamina T, los cuales consisten en tacos, tortas, tamales, tlacoyos, tostadas, etc. Ejemplo: «No hay nada como echarse una taquiza mientras se está viendo el fut». Además de ser parte de la dieta diaria del mexicano y de la mexicana, de estar al alcance de casi todos los bolsillos y de su enorme variedad, comparten otra característica: todos engordan por tragones.

Y hablando de los peces gordos, a los que Vicente Fox bautizó con el nombre de tepocatas o víboras prietas, en cuyo bestiario foxiano eran representados por los enemigos, los corruptos, los transas

183

y tracaleros, curiosamente nunca los buscó y, si lo hizo, jamás los encontró. Debió haber buscado más cerca de él. Igualmente debió haberlo hecho el trompudo de Gustavo Díaz Ordaz, uno de los tantos tapados del PRI y quien terminara su gobierno completamente tatemado por todas las transas que hizo.

Dice Jesús Flores y Escalante que «tapado» se utiliza asimismo cuando se habla de las personas que por haber comido tunas, guayabas o algún otro alimento parecido, se encuentran estreñidas. Líneas abajo, el autor de la *Morralla del caló mexicano* nos explica de dónde viene la expresión «tapado». «Personaje político que finalmente era "destapado" para ocupar la presidencia de la República, que generalmente pertenecía al PRI. Esto produce un fenómeno llamado tapadismo en la jerga política. A finales del siglo XVII llegó a México don Antonio de Benavides, supuesto visitador de la Corona española, a quien después de su muerte el pueblo le hizo las *Coplas del tapado,* tal vez las primeras del corrido mexicano».

Quién nos iba a decir a las y a los mexicanos que el domingo 2 de julio de 2006 se votó, ciertamente no por un tapado, sino por un candidato a quien durante 62 días taparon, aunque con plástico transparente, y todo el mundo veía el truco y sólo ellos no. No hay que olvidar que hace apenas tres décadas, Luis Echeverría destapó a José López Portillo, quien a su vez destapó a Miguel de la Madrid, quien a su vez destapó a Carlos Salinas de Gortari, quien a su vez hizo dos destapes, primero el de Luis Donaldo Colosio y luego el de Ernesto Zedillo.

Pero dejemos atrás a todos esos tapados que tanto daño le hicieron a nuestro país y mejor tomémonos un delicioso tequilita, el mezcal tradicional de los pueblos precolombinos, al cual Hernán Cortés y sus soldados solían llamar «vino de tierra». Mejor hoy, hoy, hoy, y para olvidar un poco nuestras tristezas, angustias y tensiones, nos concentraremos en hablar de este maravilloso aguardiente elaborado a base del agave.

Diremos, por ejemplo, que no hay mejor antídoto contra los prejuicios de la típica niña bien que tomar un tequilita, como ellas mismas dicen. Esto lo descubrí hace muchos años. A decir verdad, hacía mucho tiempo que lo había intuido. Desde que era muy joven, una de mis pasiones siempre fue observar detenidamente el comportamiento de los adultos. De ahí que lo hiciera de una forma mucho más acuciosa cada vez que veía a mi madre, niña bien tapatía, tomarse su tequilita en las reuniones familiares. Era como un verdadero ritual. Una vez que tenía frente a ella su «caballito» servido hasta el tope de su bebida predilecta, abría completamente su mano izquierda y en el agujerito que se forma en el dorso, entre el dedo pulgar y el índice, ponía una montañita de sal. Enseguida se lo precipitaba hacia la boca, después se chupaba un limoncito e inmediatamente después bebía varios traguitos de ese líquido, generalmente color ámbar cuando se trataba de un tequila añejo.

A partir de ese momento, la personalidad de doña Lola sufría una metamorfosis sorprendente. En primer lugar empezaban a notársele unas «chapitas» muy coquetas, al mismo tiempo que sus ojos se cubrían de un brillo especial.

«Así se toma el tequila en Guadalajara», se ufanaba en decir, especialmente a sus amigos extranjeros. Y conforme se lo bebía, su conversación iba animándose de una forma sumamente llamativa. Se habría dicho que en ese momento se iba retirando, poco a poco, quién sabe cuántas cadenas heredadas desde la época de sus antepasados; era como si en ese instante un hada madrina le hubiera dado permiso de ser más feliz y libre. Es cierto que mi madre siempre fue una mujer con mucha personalidad, simpática y gran conversadora, pero bastaba que se terminara su tequilita para que lo fuera dos veces más.

Entonces empezaba a evocar decenas de recuerdos de cuando era niña. Era sorprendente la forma en que su memoria recorría hasta los detalles más insignificantes; se acordaba de fechas, de nombres de calles, del vestido que llevaba fulanita, de lo que le había contado zutanito, de novelas que había leído en su juventud, de los nombres de los Enciclopedistas, de las capitales del mundo y de las últimas palabras que había pronunciado Juana de Arco antes de convertirse en cenizas.

No, no había duda, todo este fuego de artificio en el que se había convertido mi madre había sido gracias a los efectos de sus dos tequilitas.

De una mujer autoritaria, chapada a la antigua, se convertía en una señora adorable, tierna, receptiva y hasta moderna. Inteligente y bien educada como era, sabía que no debía ni podía, de ninguna manera y bajo ningún pretexto, excederse de dos tequilitas; de lo contrario, sabía en el fondo que los efectos de tres o de más serían nefastos. ¿Por qué? Porque ella mejor que nadie sabía que era una pésima bebedora.

Sin duda fue gracias a la sabia receta de mi madre como aprendí que, con tan sólo un tequilita, también yo podía ser aún más encantadora, pero, sobre todo, mucho más seductora. La primera vez que bailé de cachetito fue después de medio «caballito» de tequila. Al principio, recuerdo que no me gustó mucho. Sentía que me quemaba la garganta. Su sabor me pareció un poco amargo.

Sin embargo, poco a poquito fui apreciando ese calorcito que me llegaba hasta el fondo del corazón. Me acuerdo que esa noche, además de haber bailado *cheek to cheek,* bailé rock al son de un grupo que se llamaba The Ventures. Ellos fueron precisamente los que pusieron de moda la canción de *¡Tequila!;* años después, Enrique Guzmán nos presentó otra versión, medio cursilona, bautizada con el nombre de *Tequila con limón y un poco de ron.*

Después de todo lo anterior, concluyo que el tequila es una bebida más femenina que masculina y que, por lo tanto, de ahora en adelante se debería bautizar con el nombre de «la tequila».

Debería haber una nueva marca de tequila con nombre de mujer. Por ejemplo, y para rendir un merecido homenaje a mi madre, sugiero que se llame tequila Doña Lola.

Antes de terminar, diré que de todos los abecedarios del mundo y en todas las lenguas muertas o vivas, la T es mi letra preferida. ¿Por qué? Porque es T de Tomás y T del nieto más bonito del mundo.

TOLERAR, TOLERANTE, TOLERANCIA En México cómo nos cuesta ser tolerantes, ser incluyentes, ser respetuosos con las diferencias. Es cierto que somos querendones, apapachamos a la menor provocación, pero sólo con nuestros iguales. Somos intolerantes, chocantes y antidemócratas. Nos cuesta tolerar, nos cuesta ser tolerantes, nos cuesta mucho la tolerancia.

Sin embargo, es una condición para saber vivir, para la convivencia tanto entre las y los mexicanos como con la naturaleza. Y si pensamos en la democracia, nada como la tolerancia, el respeto a la diversidad, el reconocimiento de lo diferente.

Dice Jean Baudrillard que la tolerancia sería natural si se admitiera la simultaneidad de proyectos, de ideologías, de pertenencias, de diversidad. Debería dejar de ser un derecho para convertirse en un deber; ése sería el principio de una civilización.

u

Un día de urnas

2 de julio de 2006, día de ¡urnas!, de úlceras por la incertidumbre del porvenir político; día de unidad nacional, cuya unión resulta más que urgente. En esa fecha se hicieron muchos ultimátums, pero sobre todo fue un día que ¡uyuyuy!, de ¡újule!, ¡úchale! y de ¡uy, qué miedo!, «no vaya a salir el candidato que tanto odio». Sí, la vigésima tercera o vigésima quinta letra del alfabeto español, según se cuenten o no como letras distintas la CH y la LL, es también el símbolo químico del uranio y con la que empieza la expresión *Uncle Sam,* que significa Tío Samuel, aplicada en Estados Unidos humorísticamente a su gobierno.

«Uñas largas», «rascarse con sus uñas» y «sacar las uñas»: he aquí tres expresiones muy utilizadas entre las y los mexicanos. Aunque en las tres se utilice la palabra «uñas», son muy distintas entre sí.

UÑAS «Uñas largas» se llama a los ladrones. Ejemplo: «Nadie puede negar que han sido los uñas largas los que llevan años robando al pueblo».

La segunda expresión me gusta, porque creo en la independencia, la autonomía y el trabajo. No hay duda de que una persona que ha pasado toda su vida rascándose con sus uñas tiene más posibilidades de triunfar que quien espera que las cosas le caigan del cielo, como por arte de magia.

189

Ahora bien, respecto de la tercera expresión, el único ejemplo que se nos viene a la cabeza es «Ah, cómo sacaron las uñas los candidatos a la presidencia. Parecían perros y gatos».

URGIDA Estar o sentirse «urgida» significa no tener novio, pareja ni perro que le ladre. Por ejemplo, cuando quiere criticarse a alguien de una manera malévola se dicen cosas como: «¿No has visto a Paola muy nerviosa últimamente? Está muy tensa, y se le ha llenado la cara de granos. Para mí que está superurgida... Pobrecita, porque por más que quiere conocer a alguien para salir, nadie se le acerca. A leguas se ve que le urge un novio».

USTED Contracción de «vuestra merced». Es un pronombre que generalmente se emplea para dirigirse a una persona con quien se habla y a quien no se conoce al grado de tratarla de «tú». Igualmente, se utiliza como un signo de respeto, como para dar a esa persona un trato especial.

Es cierto que decir «usted» hoy está casi en desuso, especialmente entre los jóvenes; sin embargo, en México existe una gran tradición respecto de este vocablo. Personalmente, lo encontramos más bonito que «tú». Nos parece de mejor gusto, sobre todo entre quienes acaban de conocerse. Incluso, entre los que llevan años de tratarse, también es un gesto de mayor cariño y confianza.

En Colombia, país donde se habla el mejor castellano de Latinoamérica, cuanto más cercana y familiar es la persona, más se le «ustedea». No hay nada más desagradable que el tuteo instantáneo entre diferentes generaciones. Sin embargo, hay veces en que se da de forma tan natural y fresca que, en ese caso, debemos cambiar in-me-dia-ta-men-te al tuteo; de lo contrario pasará una por ser distante y orgullosa.

En su libro *Los buenos modales*, la conocidísima mujer de mundo y millonaria Nadine de Rothschild dice que durante mucho tiempo el tratamiento de «usted» ha sido un signo de distinción, un atributo social. Apunta que entre los aristócratas, la regla consistía en que los cónyuges se trataran de «usted», y ese mismo trato se diera entre padres e hijos. No se tuteaba más que a la servidumbre.

Igualmente, afirma que el trato de «usted» ha perdido su prestigio y ha dejado de ser el signo de una educación perfecta. «El usted puede convertirse en expresión de desprecio, incluso en insulto, cuando se pasa a emplear con una persona que hasta entonces se tuteaba.»

Sin embargo, hay excepciones. Por ejemplo, si usted tuvo la fortuna de haber sido compañero de banca del próximo presidente de la República, es evidente que en los actos oficiales se dirigirá a él con el «usted».

Así deberá ser, salvo que él mismo le pida que lo tutee.

¡**UTA**! Existen varios usos para «uta»; los hay de desesperación, como por ejemplo: «¡Uta, ya estoy harto de la propaganda electoral». También se puede emplear para demostrar asombro: «¡Uta, ganó mi candidato, no puedo creerlo!» E igualmente se puede decir en un momento de absoluta frustración: «¡Uta, ganó el PRI! Seguro se cometió un fraude descomunal».

¡**UY**! «Uy, qué miedo, mira cómo tiemblo»: Fue el 21 de junio de 2006, desde Puebla, la tierra del góber precioso, cuando Andrés Manuel López Obrador prometió que de llegar a la presidencia de la República erradicaría la corrupción y frenaría el crecimiento de las «camadas de ricos».

Fue allí donde dijo «Andan metiendo miedo; uy, qué miedo, miren cómo estoy temblando, diría mi paisano Chico Che. Pero a nadie se va a afectar en su patrimonio; al contrario, va a haber circulante y va a haber dinero. Ahora también para meter miedo, el partido de la derecha, ese partido reaccionario, anda diciendo que voy a endeudar al país, que va a ser una catástrofe el 2 de julio, que se va a acabar el mundo, ¡no! Lo que vamos a hacer es no permitir que se sigan robando el dinero del pueblo», expresó. Esta expresión es muy escuchada, por ejemplo, en las películas de Pedro Infante o Jorge Negrete. Cuando nos sentimos amenazados por un peligro o por alguien que realmente nos parece insignificante, decimos con sarcasmo: «¡Uy, qué miedo, mira cómo estoy temblando!»

V

VARITA MÁGICA

Una de las primeras reglas que hay que tener muy presentes si se quiere hablar correctamente, por ejemplo, el francés, es pronunciar con toda claridad la B labial y la V, uve. Sin embargo, la V no se pronuncia en español con el sonido labiodental que tiene en otros idiomas, sino con el mismo sonido de la B. Hay que decir, no obstante, que la diferencia entre la V y la B resulta muy común en algunas comunidades autónomas españolas con lengua propia, como Valencia o Cataluña.

La primera expresión muy mexicana con V que se nos viene a la cabeza es una que resulta como una llavecita de oro, capaz de abrir hasta las puertas más herméticas de toda la República. Así como Alicia en el País de las Maravillas tenía la facultad de hacerse grandota o chiquita según la galleta que ingería, también esta llave «mágica» puede crecer o disminuir según sean las relaciones que se tengan en el mundo de la política o de las finanzas. Claro, nos estamos refiriendo a una de las expresiones más invocadas en nuestra sociedad, una sociedad en la cual no siempre funciona la ley, ni tampoco son muy respetados los derechos individuales. Es cierto que «tener vara alta» en cualquier país ayuda a resolver problemas, pero en México «tener vara alta» con los del gobierno en turno, si no puede evitar ir a la cárcel, sí se permite contar con la mejor celda del Cereso. Si se cae enfermo y no se tiene seguro, el paciente con influencias puede obtener una «suite» en un hospital del Seguro Social. Sin hipérbole, terminaríamos diciendo que, en nuestro país, lo único que funciona realmente es tener influencias. En otras palabras, «tener vara alta».

«¡Vale!» se dice en España por decir que se está de acuerdo. Sin embargo, cuando las y los mexicanos le anteponemos el pronombre personal y decimos: «me vale», significa lo contrario, es decir, no me importa. ¿Será que a las y a los mexicanos todo nos vale? ¿Habrá sido por esta razón el abstencionismo que hubo en las pasadas elecciones? ¿Nos valdrá el futuro del país? «¡Me vale!», ha de haber exclamado una de las tantas ciudadanas que no fueron a votar. «Me vale quede quien quede como presidente», opinan los más irresponsables. Una de las quejas constantes de los jóvenes de la posmodernidad es «A mi jefe le valgo», por decir que no le importa a su papá. Lo curioso es que muchos papás tienen exactamente la misma percepción, pero al revés, sienten que ellos «les valen» a sus hijos. Sin embargo, hay que decir que esta expresión tan mexicana resulta incompleta si no se le agrega otra, con la cual se hace más enfática: «me vale madres», «me vale gorro» o «me vale bolillo», sin olvidar, naturalmente, la más audaz de todas: «me vale verga». Esta última no se refiere al palo horizontal que en el mástil sujeta las velas, el cual, al parecer por su posición, se asemeja al miembro viril.

De «me vale madres» viene la expresión «valemadrismo». ¿Será esta actitud parte de la filosofía mexicana? Y nos contesta Jesús Flores Escalante: «El valemadrismo requiere atención de los sociólogos. Sus derivados son "me vale" y "valentín". Algunas canciones no inscritas en el cancionero popular dicen: «Me vale madre que tú ya no me quieras». A esta lista habría que sumarle otra expresión más mexicana que el chile: «vale pa' pura madre». Según el autor de *La morralla del caló mexicano,* es una locución muy utilizada por los mexicanos cuando pasaron de victimarios a víctimas, recibiendo un maltrato o un producto o un servicio de mala calidad.

¿Por qué en estas expresiones tan nuestras jamás sale a relucir el padre? Que sepamos no se dice: «¡me vale padres!». El poeta Octavio Paz tiene la respuesta: «Mas lo característico del mexicano reside, a mi juicio, en la violenta, sarcástica humillación de la madre». La cuestión del origen, continúa Paz, es el centro secreto de nuestra ansiedad y angustia. Vale la pena reflexionar un poco respecto de las malas palabras a las que nos referimos anteriormente, y para ello qué mejor que recurrir al pensamiento del autor del *Laberinto de la soledad:* «El poder mágico de la palabra se intensifica por su carácter prohibido. Nadie la dice en público. (Aunque en los últimos tiempos esto ha cambiado mucho, decimos nosotros.) Solamente un exceso de cólera, una emoción o el entusiasmo delirante justifican su expresión franca. Al gritarlas [las malas palabras], rompemos un velo de pudor, de silencio o de hipocresía. Nos manifestamos tal como somos de verdad… Cuando salen, lo hacen brusca, brutalmente, en forma de alarido, de reto, de ofensa. Son proyectiles o cuchillos. Desgarran». Pero vayamos a las expresiones escritas con la letra V menos desgarradoras.

VACIADO Decir que alguien es vaciado o vaciada significa que se trata de alguien buena onda, simpático. Las personas vaciadas no se toman la vida muy en serio. Hay que decir que esta expresión es muy de los sesenta.

VACILÓN «La vida es puro vacilón», dice una canción muy popular. Tan es así que a finales de los cincuenta en la XEW se transmitía uno de los programas de mayor audiencia de entonces. Era conducido por Pepe Ruiz Vélez y titulado precisamente *Rico vacilón*. En él participaban orquestas afroantillanas y mexicanas. Y, claro, los ingredientes principales eran el mambo y el cha-cha-chá. También se dice vacilar a alguien, que significa bromear. «A ti nada más te gusta estar haciendo vaciladas.» Los muy vacilones siempre están echando relajo, porque creen que la vida es «puritito vacilón».

VENTANEAR O VIBOREAR Es igual que chismear o levantar falsos testimonios. Ventanear a alguien quiere decir exponerlo, hablar mal de él. Aquellos que se la pasan ventaneando o viboreando son por lo general personas de muy mala fe, pero sobre todo de muy mal aliento, porque la bilis que les provoca la envidia se les acumula en la vesícula.

VERBO MATA CARITA Los hombres que son muy feos pero inteligentes (?) y con facilidad de palabra están convencidísimos de que «verbo mata carita». Creen que sus encantos verbales son superiores a sus encantos físicos, lo que es muy fácil de lograr, porque son muy feos y creen que resultan más atractivos que Brad Pitt. Pero una vez que se les agota «el verbo», acaban por mostrar su verdadera fealdad interior.

VIBRA Nunca más que ahora, y dadas tantas divisiones ideológicas como las que se han desatado con las elecciones, hay que huir de las personas que echan mala vibra. Esas que son dañinas, enferman y molestan; que son así, no pueden evitarlo. Son capaces de escupir su veneno a la menor provocación. Pero en realidad son débiles, enfermos e infelices.

VOY, VOY, O VÓYTELAS Decía el Pichi (Freddy Fernández) cada vez que Chachita (Evita Muñoz) quería impresionarlo. Era como decir: «Bájale o no le pongas tanta crema a tus tacos».

Un w.c. por favor

El lenguaje popular refleja, como dice Octavio Paz, hasta qué punto nos defendemos del exterior; hemos aprendido que a veces las formas nos ahogan y que la historia de México, como la de cada mexicano, consiste en una lucha entre estas formas y las fórmulas en que se pretende encerrar a nuestro ser y las explosiones con que nuestra espontaneidad se venga.

No obstante, pensamos que, hoy por hoy, en el siglo XXI, el habla entre las y los mexicanos es cada vez más directa, más libre y de más igualdad entre los géneros.

Aquellas palabras que antes solíamos denominar «malditas» y que sólo pronunciábamos casi a gritos, como por ejemplo «¡a la chingada!», ahora las y los mexicanos las exclamamos sin aquel velo de pudor ni de hipocresía. El verbo «chingar» («Para el mexicano la vida es una posibilidad de chingar o de ser chingado», Paz) no nada más lo conjugan los muy «machos», sino las mujeres liberadas, independientes y que se sienten muy orgullosas de ser malhabladas y de todas las «chingaderas» que hacen.

Si en esta ocasión juntamos las cuatro últimas letras del abecedario, fue porque cada una de ellas es muy poco empleada en el lenguaje cotidiano de las y los mexicanos. En el caso de la W, los vocablos y expresiones son prácticamente inexistentes.

No obstante, no dejaremos de decir que su nombre es femenino:

uve doble, ve doble, doble ve, y que en México y en algunos países de Centroamérica se le conoce como doble u. El plural es, según sea el caso, uves dobles, ves dobles, dobles ves o dobles úes.

W.C. O WATER Estos aparatos también son conocidos impropiamente como retretes, palabra que en realidad quiere decir retiro pequeño (retirete) y, por tanto, se refiere al local reducido donde se pone el inodoro. Otra manera antigua de llamarlo es taza del retrete.

También W.C. o váter, de las palabras inglesas *water closet* («cámara de agua»), en referencia al cierre hidráulico que impide la salida de olores. También es conocido en Venezuela como poceta y, en México, como excusado. Otros nombres informales son trono, cagadero y urinario (este último más común para referirse al urinario de pie).

WILSON Apellido. «Me viene Wilson», «me viene guango» o «me vale gorro» significan exactamente lo mismo y quieren decir «me tiene sin cuidado». Por ejemplo: «A Vicente Fox le vale Wilson lo que digan los intelectuales a propósito de cualquier cosa»; «A Rubén Aguilar, vocero de la Presidencia, le vale Wilson la coherencia de las declaraciones de Fox», y «A la maestra Gordillo le vale Wilson la forma en que es representada en la mayoría de las caricaturas de los moneros».

Con sello mexicano

Cuenta la leyenda que la autoría de la letra X se le atribuye al rey griego Palamedes. Se dice que el monarca la creó con el objeto de representar los sonidos cs y gs con un solo signo, en lugar de con dos. Y, en su aspecto formal, el origen de la X está en un signo de la escritura hierática egipcia que representaba una criba o arel, y del cual nacieron después tres caracteres griegos, eta, xi y ji. En español, la X es la vigésima séptima letra del alfabeto. El caso más importante de esta letra tan enigmática es el del nombre de nuestro país: «¡México!». Se dice que mantiene la X por puro arcaísmo, pero que «cuenta con el apoyo de los mexicanos, porque consideran que la voz México reafirma la identidad de su país, frente a la de Méjico, más española y conservadora en lo referente a su afirmación como nación».

X Equis dicen los jóvenes cuando las cosas no tienen chiste. Ejemplo:
«¿Cómo te fue hoy en la universidad?», pregunta la madre a su hija de 18 años. «Equis», contesta la chica con cierto desgano.

¿YO...?

¿Y yo por qué?: Expresión mexicanísimamente política o políticamente incorrecta que puso a Vicente Fox en la duda permanente de que en su gobierno él gobernaba o que su función fuera resolver conflictos.

Quedará para los bronces el clásico: «¿Y yo por qué?», respuesta que ofreció cuando uno de los grupos privilegiados del sexenio, el de Televisión Azteca, asaltó el Canal 40 de televisión.

YOGA Cada vez más las y los mexicanos aprendemos e imitamos a Oriente. El yoga se ha vuelto el deporte extremo de los viejitos; la gimnasia espiritual de las amas de casa, que desde la comodidad de su cama la practican por la televisión; sistema antiestresante y liberador de la tensión de las oficinistas y los niños bien.

Experiencia corporal y espiritual que a través de un baile inmóvil hace sentir a la gente tocar el nirvana, el aire, la naturaleza del asfalto defeño y liberar la tensión antes de meterse al Periférico.

YUNQUE (Organización Nacional del Yunque) «Se trata de una organización secreta de inspiración católica que recluta a jóvenes para adoctrinarlos y adiestrarlos en el combate físico e ideológico, con el fin de avanzar políticamente en la conquista del poder público para instaurar su muy particular forma de concebir el mundo», dice en su introducción el libro *Yunque, la ultraderecha en el poder*, de Álvaro Delgado.

A continuación nos permitimos imaginar el siguiente pequeño texto con el objeto de emplear los siguientes vocablos que también se inician con la letra Y.

A las personas que son muy Yo-Yo, es decir, que nada más hablan de su persona, al escucharlas una tiene ganas de decirles: «¡Ya chole!, ya me aburrí de oírte hablar de ti». Sin embargo, algunas son tan «yoyistas» que parecen decirnos: «¿Qué te pasa? Si yo, yo merengues, soy el mero, mero merenguero, aquí tu mero, mero petatero». ¡Qué insoportables resultan! Tal vez a esta categoría le convendría fumar un poquito de yerba. No importa de cuál se trate, si de mota, de chichicaxtle, de mishishi o de toloache. Quizá ésta sea la única forma de que se olviden de su persona.

Z

¡ZÁCATELAS!

La Z es la última letra del alfabeto español y la vigésima cuarta consonante. Su nombre es zeta (y antiguamente zeda). Hasta su diccionario de 1992, la Real Academia aceptaba también las antiguas ortografías «ceta» y «ceda». Debido a la falta de espacio, nos vemos obligados a hacer el mismo ejercicio que hicimos con la letra Y.

He aquí lo que imaginamos…

Tantas cosas y días acumulados se han vivido; por ejemplo, la memoria registra esos más de 40 días en que el Zócalo, con una gran Z, estuvo pletórico de decenas de miles de seguidores del candidato de la Coalición por el Bien de Todos para asistir a las asambleas informativas. Seguramente, muchos de ellas y de ellos han de considerar sumamente zacatonas a aquellas personas que pensaron que no era ni fue necesario contar voto por voto y casilla por casilla, con el objeto de dar certeza a la ciudadanía que votó aquel 2 de julio. Sí, mucha gente asistió el 30 de julio. Allí, en el Zócalo, vimos a todo tipo de ciudadanas y ciudadanos: altos, gordos, flacos, hombres, mujeres, amas de casa, profesionistas; además de miles de niñas y niños, quienes a pesar de estar un poco zotacos, así como chaparritos, hicieron todo lo posible para divisar desde donde se encontraban a lo largo y ancho de la enorme plancha de concreto, a AMLO. Y, en medio de toda esta multitud, no faltaron los chiquillos y las chiquillas que querían zangolotearse por doquier. Y, claro, a partir de ese momento, los que no dejaron de reaccionar fueron los padres, que de inmediato sintieron deseos de propinarles un buen zape. «Ay, mamá, ¿por qué me pegas?», acaso preguntó el niño desconcertado. «Porque no me dejas concentrarme en lo que dice Andrés Manuel. Si sigues así te voy a dar una buena zumba…», tal vez le haya respondido su madre.

El ABC de las y los mexicanos, de Guadalupe Loaeza
se terminó de imprimir en enero dc 2007 en
Gráficas Monte Albán, S.A. de C.V.
Fracc. Agro Industrial La Cruz
El Marqués, Querétaro
México